少年读
中国地理

中国地图出版社　编著

中国地图出版社
·北京·

图书在版编目（CIP）数据

少年读中国地理 / 中国地图出版社编著 . -- 北京：中国地图出版社，2023.7
ISBN 978-7-5204-3380-8

Ⅰ．①少… Ⅱ．①中… Ⅲ．①地理－中国－少儿读物
Ⅳ．① K92-49

中国版本图书馆 CIP 数据核字 (2022) 第 247341 号

SHAONIAN DU ZHONGGUO DILI

少年读中国地理

出版发行	中国地图出版社	邮政编码	100054
社　址	北京市西城区白纸坊西街 3 号	网　址	www.sinomaps.com
电　话	010-83490076　83495213	经　销	新华书店
印　刷	保定市铭泰达印刷有限公司	印　张	8
成品规格	165mm×225mm		
版　次	2023 年 7 月第 1 版	印　次	2024 年 12 月河北第 3 次印刷
定　价	29.80 元		
书　号	ISBN 978-7-5204-3380-8		
审 图 号	GS 京 (2023) 0141 号		

本书中国国界线系按照中国地图出版社 1989 年出版的 1∶400 万《中华人民共和国地形图》绘制
如有印装质量问题，请与我社发行公司联系调换
本书中有个别图片，我们经多方努力仍未能与作者取得联系。烦请作者及时联系我们，以便支付相关费用

图 例

★ 北京	首都	-------	特别行政区界
⊙ 哈尔滨	省级行政中心		河流
○ 玉树	其他城镇		运河
┣━┫	洲界		湖泊
━━ 未定	国界		海岸线
-----	地区界		时令河 时令湖
+++++	军事分界线、停火线		珊瑚礁
....	省级界		沙漠

用"地理眼"发现
世界之美

　　地理学是一门既古老又年轻的学科。说它古老，是因为人类自诞生起，就对自己生存的环境抱有极大的兴趣，面对山川河流，人们产生过许许多多的思考。说它年轻，是因为在解决当前人口、资源、环境和发展等问题上，地理学具有独特的价值，其在现代科学体系中也占有重要地位。

　　我们生活的星球遍布美丽的自然景观，千百年来，人们又创造出了无数独特的人文景观。大多数人无法去游历这么多地方，而通过阅读地理类的图书可以帮助人们去了解它们，这是我们编写这套书的初衷。读书是向内旅行，去往精神世界；旅行是向外读书，探索天地苍穹。翻开这套书，你会被壮美山河所震撼，被灿烂文明所吸引，被传奇故事所打动。书中有浩瀚无垠的太空、绝美独特的雪域高原、飞沙走石的大漠戈壁、如诗如画的水乡泽国、广阔无际的蔚蓝大海、流光

溢彩的现代都市……正所谓"天地有大美而不言"。翻开这套书，让我们在亲近自然的同时，发现地理的丰富与诗意，滋养自己的人生。

这套书是"基于初中地理课标的'教、学、评'综合改革探索与实践创新"的重要研究成果，是遵循"宇宙—地球—地表—世界—中国"的认知顺序来展开编写的。这套书的作者团队为国内重点中学的一线优秀教师与地理教育专家，他们根据数十年的教学经验，将丰富、科学的地理知识融入每个章节的内容中，旨在帮助读者相对完整、系统、立体地认识世界和中国，培养其世界观和家国情怀。

让我们一起仰望星空、俯察大地，探寻自然规律，发现世界之美，像爱护眼睛那样呵护地球家园，努力建设人与自然和谐共生的美好世界。

目　录

上帝之眼看中国

中国的自然环境

中国的自然资源

中国的经济发展

上帝之眼看中国

① 你见过什么样的中国？

这是一片神奇而又神秘的土地，
它有 960 多万平方千米的广袤国土，
又有约 300 万平方千米的澎湃海域；
当乌苏里江沐浴在金色的晨光中时，
帕米尔高原仍是满天星斗；
从海南的"冬暖花开"到漠河的"泼水成冰"，
这是同一片土地上的"冰与火之歌"……

"当乌苏里江沐浴在金色的晨光中时，帕米尔高原仍是满天星斗"，这是一番怎样的景色呢？如果能看到海南的"冬暖花开"和漠河的"泼水成冰"，那该多有趣啊！如果你想了解我们脚下这片神奇的土地，那就让我们一起开启这趟奇妙的中国之旅吧！

✛ 优越的地理位置

打开世界地图，一眼就能看到我们伟大的祖国——中华人民共和国。它背靠亚欧大陆，面向太平洋，像一只雄鸡屹立在地球上。

从纬度位置看，我国大部分地区位于北温带，气候温和，光热条件好，非常适合人类居住，也有利于农业生产。相比之下，我们的邻居俄罗斯虽然拥有更广袤的土地，但因其纬度太高，气温较低，很多地方不适宜人类居住。

从海陆位置看，我国处于世界最大的大陆——亚欧大陆的东部，

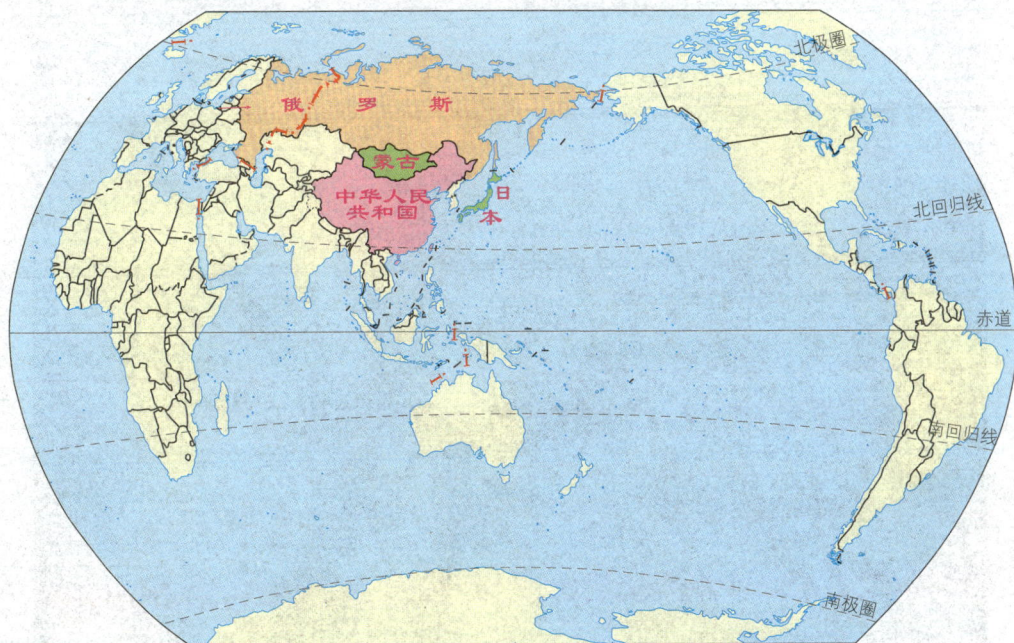

∧ 中国、俄罗斯、日本、蒙古在世界的位置示意图。通过与俄罗斯的对比，可知我国纬度位置的优越性。通过与蒙古、日本的对比，可知我国海陆位置的优越性。

东临世界最大的大洋——太平洋，既有广阔的陆地，又濒临渤海、黄海、东海、南海及台湾以东的太平洋等辽阔的海域，拥有大小岛屿数千个，是一个海陆兼备的国家。在地图上找到中国、日本和蒙古，对比它们的海陆位置，你发现了什么？

日本是一个四面环海的岛国，蒙古是四面都是陆地的内陆国家。而我国是一个海陆兼备的国家，这有什么优势呢？东部的海洋能给我们带来丰沛的降水，有利于农业生产；沿海众多的优良港湾，便于发展海洋产业及开展同海外各国的交往。与此同时，我国陆地面积广大，这也便于我国和众多陆上邻国开展交往与合作。

▲ 繁忙的洋山港

⊕ "家"大"业"大

　　我国陆地面积有 960 多万平方千米，仅次于俄罗斯和加拿大，居世界第三位，跟整个欧洲的面积差不多大。

　　一般介绍一个地方的范围，先要说清"四至"，也就是东、西、南、北四个端点。我国领土最东端位于黑龙江省黑龙江与乌苏里江主航道中心线的汇合处；最西端在新疆维吾尔自治区的帕米尔高原上；最南端为海南省南沙群岛中的曾母暗沙；最北端在黑龙江省漠河北端的黑龙江主航道中心线上。

我国东西经度相差约 62°，东西两端直线距离约 5200 千米，跨了 5 个时区，东西时差在 4 个小时以上。

当我国东部的乌苏里江上的渔民已经在金色的晨光中工作时，西部帕米尔高原上的人们还在满天星斗下睡觉呢！

◀ 乌苏里江沐浴在金色的晨光中。

我国南北纬度相差约 50°，南北两端直线距离约 5500 千米。如果按一个人每天走 50 千米计算，也需要走上约 110 天！

▶ 帕米尔高原

▶ 海南岛南部风光

冬季，北方大地千里冰封，万里雪飘，在东北一些地区甚至可以"泼水成冰"。而南方大地却依然绿意盎然，甚至人们还可以"面朝大海，冬暖花开"。

▶ 游客在漠河体验"泼水成冰"。

哈萨克斯坦
吉尔吉斯斯坦
巴基斯坦
① 克什米尔 ②
印度
尼泊尔
不丹
孟加拉国
缅甸
泰国
老挝
越南
柬埔寨
斯里兰卡
孟加拉湾
印度尼西亚
马来西亚
新加坡

俄罗斯
蒙古
黑龙江
朝鲜
韩国
日本

北京
渤海
黄河
长江
黄海
东海

中华人民共和国

北回归线

钓鱼岛 赤尾屿
台湾岛
东沙群岛
海南岛
西沙群岛
中沙群岛
黄岩岛
南海
南沙群岛
曾母暗沙
文莱
马来西亚
印度尼西亚

太平洋
菲律宾

50° 70° 80° 90° 100° 110° 120° 130°
40°
30°
20°
10°
0°

① 巴基斯坦实际控制区
② 印度实际控制区
与中国陆上相邻的国家
与中国隔海相望的国家

中国简图

我国大陆的东部和南部，依次濒临渤海、黄海、东海和南海，它们都是太平洋的一部分。

我国大陆海岸线长 1.8 万多千米，拥有众多优良港湾。我国管辖的海域面积约 300 万平方千米，它们是我们不可忽视的蓝色国土。

据不完全统计，南海石油储量约 300 亿吨，可燃冰储量约 1500 亿立方米。全球吞吐量最多的 10 个港口城市中，中国独占 7 个。此外，我国还有丰富的生物资源。

✧ 我们的邻居

我国一共有 14 个陆上邻国，与 6 个国家隔海相望，想要把这些邻国的名字和方位都记住，可不是一件简单的事儿！

知识窗

我国的 14 个陆上邻国：朝鲜、蒙古、俄罗斯、哈萨克斯坦、吉尔吉斯斯坦、塔吉克斯坦、阿富汗、巴基斯坦、印度、尼泊尔、不丹、缅甸、老挝、越南。

6 个与我国隔海相望的国家：印度尼西亚、马来西亚、文莱、菲律宾、日本、韩国。

优越的
地理位置
— 纬度位置：我国国土大部分位于北温带，小部分位于热带
— 海陆位置：亚欧大陆东部、太平洋西岸，海陆兼备

你见过什么
样的中国？

"家"大
"业"大
— 陆地面积：960 多万平方千米，居世界第三位
— 濒临的海域：渤海、黄海、东海、南海

我们的
邻居
— 14 个陆上邻国
— 6 个隔海相望的国家

❷ 中国的行政区划

从大禹时期的九州，
到秦朝的郡县制；
从西汉初的郡国并行制，
到东汉至南北朝的州、郡、县三级制；
每个时代有每个时代的管理方式，
那现在是怎样的呢？

⊕ 三级行政区划

我国人口众多，国土辽阔，如何管理才能做到井井有条呢？

为了方便管理，我国实行省、县、乡三级行政区划。目前，我国有 23 个省、5 个自治区、4 个直辖市和 2 个特别行政区，共计 34 个省级行政区域。

⊕ 四条线路认识中国

我们通过四条线路来认识我国的 34 个省级行政区域。这四条线路分别是"长江万里行""黄河万里行""边疆万里行"和"沿海万里行"。

"长江万里行"的主题是美景之旅。第一站是长江发源地——青藏高原上的唐古拉山脉。青藏高原上主要有青海和西藏，两者的简称"青"和"藏"合起来便是这个高原的名字。长江从唐古拉山脉流出，

乌鲁木齐

新疆维吾尔自治区

内蒙古自治区

呼和浩特

黑龙江

哈尔滨

吉林

长春

沈阳

辽宁

甘肃

银川

宁夏回族自治区

河北

北京市

北京★

天津市

天津

石家庄

青海

西宁

兰州

陕西

山西

太原

济南

山东

黄海

西藏自治区

拉萨

四川

成都

重庆市

重庆

河南

郑州

西安

湖北

武汉

安徽

合肥

江苏

南京

上海市

上海

杭州

浙江

日本海

贵州

贵阳

湖南

长沙

江西

南昌

福建

福州

东海

钓鱼岛 赤尾屿

云南

昆明

广西壮族自治区

南宁

广东

广州

澳门

香港

香港特别行政区

澳门特别行政区

北部湾

台北

台湾

台湾岛

东沙群岛

太平洋

海南

海口

海南岛

西沙群岛

中沙群岛 黄岩岛

南海

孟加拉湾

安达曼海

南沙群岛

印度洋

曾母暗沙

苏拉威西海

⋀ 中国简图。你可以通过"长江万里行""黄河万里行""边疆万里行"和"沿海万里行"四条线路在地图上依次去认识我国的各个省级行政区域。

一路都是人间美景的汇集地：巍峨雄壮的雪山、碧蓝如玉的高原湖泊、美不胜收的蓝天白云和满天繁星……难怪人们都说，一生要去一次青藏高原。这是洗涤心灵的震撼之旅，考验意志的勇气之旅，游览人间仙境的难忘之旅。

沿长江发源地往下走，你会经过西南地区的四川、云南和重庆。四川的九寨沟、峨眉山、乐山大佛、稻城亚丁……都是不能错过的美景。云南的玉龙雪山、泸沽湖、香格里拉、西双版纳……也都是人间绝美的仙境。过了四川，你就会来到重庆。重庆是一座美食众多、景色优美、地形独特的网红城市，因其境内的嘉陵江古称渝水，故重庆简称"渝"。

顺着长江继续往下走，你会经过湖北、湖南和江西。其中，湖北和湖南交界的地方有美丽的洞庭湖。江西在湖南的东边。观察下图，你会发现这三个省的轮廓有什么特征呢？

⚠ 湖南轮廓　　　　⚠ 江西轮廓　　　　　⚠ 湖北轮廓

　　继续往下走，长江会流经安徽、江苏，在上海注入东海。安徽除了有黄山美景，它的徽派建筑也非常有名。江苏的省会南京是有名的六朝古都。长江的最后一站是上海，它是我国的四个直辖市之一，东方明珠广播电视塔、城隍庙、外滩等都是它的名片。

　　这就是长江干流流过的 11 个省级行政区域，你在地图上都找到了吗？

　　接下来，"黄河万里行"会一路经过青海、四川、甘肃、宁夏、内蒙古、陕西、山西、河南和山东 9 个省级行政区域。黄河从青海至四川一路来到甘肃。甘肃的省会是兰州，这里的牛肉面以肉烂汤鲜、面条柔韧而扬名中外。宁夏的手抓羊肉，外酥里嫩，非常好吃。内蒙古辽阔的草原造就了蒙古族人们热情好客的性格。在这里，你可以大口

∧ 内蒙古自治区的轮廓像一只展翅的雄鹰。

∧ 陕西的轮廓像兵马俑。

吃肉，大碗喝酒，烤全羊、哈达饼、马奶酒、奶豆腐、手扒肉等都是当地的美食。

　　沿着黄河继续往下走便来到了陕西和山西。陕西的省会西安是美食汇集地，肉夹馍、牛羊肉泡馍、岐山臊子面等让人看了就流口水。山西的老陈醋全国闻名，山西刀削面等面食也是必吃的美食。

　　黄河流过山西，便来到了河南。河南烩面、道口烧鸡、逍遥镇胡辣汤等都是去河南一定要吃的美食。黄河穿过河南就来到终点站山东，它在这里注入渤海。德州扒鸡、流亭秘制猪蹄、济南拔丝山药等都是让人百吃不厌的山东美食，山东杂粮煎饼更是全国闻名。

▶ 肉夹馍

⌃ 杂粮煎饼

⌃ 内蒙古烤全羊

◀ 兰州牛肉面

⌃ 黄河壶口瀑布

"边疆万里行"的第一站是位于中国南部的广西。广西的桂林山水、民族风情、魅力古镇都会让你流连忘返。

　　沿着边疆往西北走，你会经过云南、西藏，然后到达新疆。新疆是中国面积最大的省级行政区域。沿新疆往东，你会经过甘肃、内蒙古，最后到达东北三省——黑龙江、吉林和辽宁。东北有中华人民共和国成立后的第一个重工业基地，是"新中国工业的摇篮"。人们在黑龙江大庆发现了我国最大的油田——大庆油田。在吉林长春，人们

▲ 桂林山水

▲ 大庆油田——中国最大的油田

造出了我国第一辆汽车。在辽宁大连的造船厂里，人们生产出了我国第一艘万吨远洋货轮——"跃进号"。

最后，通过"沿海万里行"，咱们去看看中国的沿海地区。围绕渤海的有辽宁、河北、天津和山东。河北的省会是石家庄。天津是我国的四个直辖市之一。

沿海岸线向南，经过江苏、上海，到达浙江。浙江的省会是杭州，这里不仅有杭州西湖等美景，还有发达的商业。浙江再向南是福建，福建有福建土楼、武夷山等景区。与福建隔台湾海峡相望的是台湾省。

广东的轮廓像一个炸鸡腿，它的省会是广州。广东经济发达，2021 年其 GDP 达 12.44 万亿元，居我国第一位。香港特别行政区和澳门特别行政区的简称分别是"港""澳"，它们也是中国经济极为发达的地区。海南位于热带，是我国著名的旅游胜地和冬季"避寒"天堂。

四条线路走完后，还剩下北京和贵州这两个省级行政区域。北京是我国的首都，是全国的政治中心、文化中心、科技创新中心和国际交往中心。贵州山秀水美、气候宜人，有黄果树瀑布、梵净山、镇远古城等景区。

⋀ 福建土楼

下表为中国 34 个省级行政区域的名称、简称和行政中心。你可以按照"长江万里行""黄河万里行""边疆万里行"和"沿海万里行"等四条线路来认识我国各个省级行政区域。

省级行政区域名称	简称	行政中心	省级行政区域名称	简称	行政中心
北京市	京	北京	山东省	鲁	济南
西藏自治区	藏	拉萨	广西壮族自治区	桂	南宁
四川省	川或蜀	成都	新疆维吾尔自治区	新	乌鲁木齐
云南省	云或滇	昆明	黑龙江省	黑	哈尔滨
重庆市	渝	重庆	吉林省	吉	长春
湖北省	鄂	武汉	辽宁省	辽	沈阳
湖南省	湘	长沙	河北省	冀	石家庄
江西省	赣	南昌	天津市	津	天津
安徽省	皖	合肥	浙江省	浙	杭州
江苏省	苏	南京	福建省	闽	福州
上海市	沪	上海	广东省	粤	广州
甘肃省	甘或陇	兰州	台湾省	台	台北
宁夏回族自治区	宁	银川	香港特别行政区	港	香港
内蒙古自治区	内蒙古	呼和浩特	澳门特别行政区	澳	澳门
陕西省	陕或秦	西安	海南省	琼	海口
山西省	晋	太原	贵州省	贵或黔	贵阳
河南省	豫	郑州	青海省	青	西宁

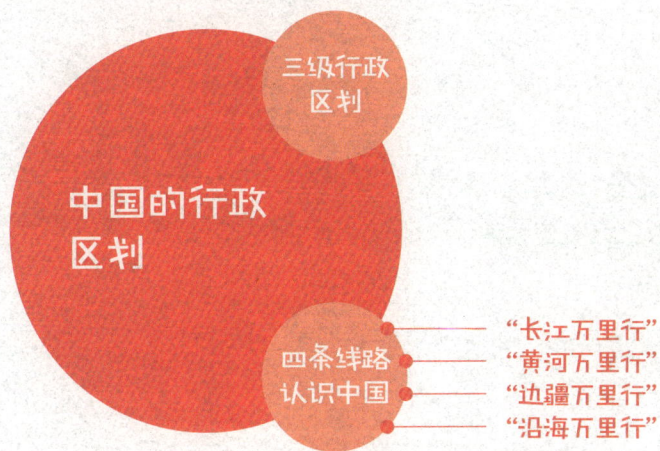

中国的行政区划

三级行政区划

四条线路认识中国
- "长江万里行"
- "黄河万里行"
- "边疆万里行"
- "沿海万里行"

③ 是谁创造了中国？

北方的千里麦浪，
南方的稻花飘香，
青藏高原上翻山越岭的高原铁路，
西北大地的瓜果飘香，
是谁创造了中国的这一切？
是中国人。

◈ 一个又一个中国奇迹

我国城市的面貌日新月异，一座座高楼大厦拔地而起，气势恢宏，雄伟壮观。人们在商场休闲购物，在体育场锻炼身体，在剧院和电影院享受文化盛宴……可以说，城市让生活更美好！

在乡村，人们从事着农业生产，从"靠天吃饭"，向"全面、全程机械化"迈进。北方的千里麦浪，南方的稻花飘香，西北的万亩棉花……到处都是欣欣向荣的景象。

近年来，我国人民建设了世界上里程最长的高铁网络和高速公路网络，将中国各地"连接"起来。南水北调、西气东输、北煤南运、西电东送等一系列跨区域的资源调配工程在中国建成，充分释放了中国潜力。中国承接产业转移，释放人口红利，开发矿产，设立工厂，向全球输出产品。

▲ 上海外滩

　　改革开放后，中国用短短 40 多年时间创造了经济快速腾飞的"中国奇迹"，迅速脱贫的"中国奇迹"，新科技迅速发展的"中国奇迹"……

⊕ 地球上人口最多的国家

　　你也许知道中国是世界上人口最多的国家，那你知道中国现在有多少人口吗？全国第七次人口普查数据显示，2020 年全国人口总数约为 14.43 亿，约占世界人口总数的 1/5。

△ 幸福的一家人

　　中国的人口一直是这么多吗？当然不是。中华人民共和国成立以前，由于疾病、自然灾害和战乱等原因，人口死亡率较高，人口增长非常缓慢。中华人民共和国刚成立时，全国总人口约5.4亿，随着经济快速发展和医疗卫生条件的改善，我国人口数量快速增加。人口的快速增长也产生了一系列的社会问题，比如住房紧张、交通拥堵、资源短缺、就业困难等。因此，我国把计划生育定为基本国策，提倡晚婚、晚育、少生、优生，从而有计划地控制人口增长。

　　到了21世纪初，我国老年人口越来越多，这又带来了一些新的社会问题，比如劳动力不足、家庭养老负担重等。为了积极应对人口老龄化带来的问题，我国也不断地调整计划生育政策。

　　地理学上有一条人口地理界线，我们称之为"胡焕庸线"。

▲ 火车站密集的人群

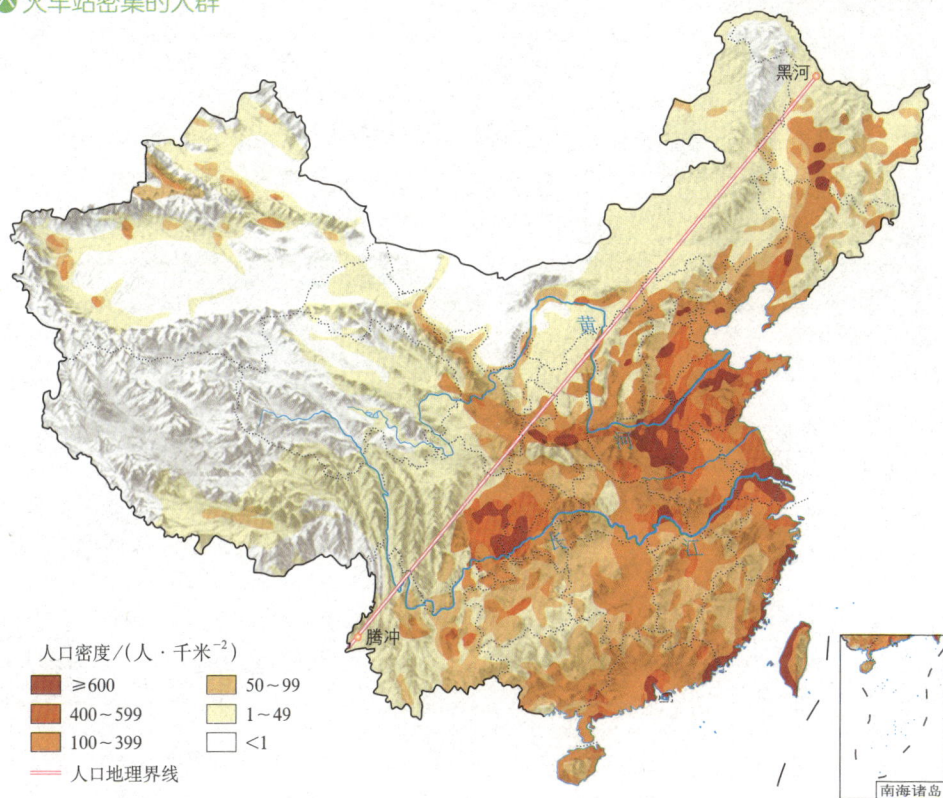

人口密度/(人·千米⁻²)

- ≥600
- 400~599
- 100~399
- 50~99
- 1~49
- <1
- —— 人口地理界线

▲ 中国人口密度分布图

1935 年，我国著名人口地理学家胡焕庸提出，自黑龙江瑷珲（今黑河市）至云南腾冲画一条直线，此线东南部人口多，人口密度大；西北部人口少，人口密度小。人们把这条线称为"胡焕庸线"，它首次揭示了中国人口分布的基本格局。时至今日，"胡焕庸线"所揭示的人口分布规律依然没有被打破。

知识窗

胡焕庸与中国人口地理分界线

胡焕庸（1901—1998）是我国近现代人口地理学的奠基人。1928 年，胡焕庸从法国留学归来，便开始进行我国人口地理的研究。当时，中国正处在动乱中，没有完整的各县人口统计资料，胡焕庸不得不从各种公报、杂志上收集资料，甚至去实地调研人口数据，只为获得更科学、更精确的全国人口统计数据，并将获得的数据表达在地图上。1935 年，他根据自己绘制的中国人口密度图，敏锐地提出了著名的瑷珲（今黑河市）—腾冲人口地理界线，总结出中国人口东南部分布密集、西北部分布稀疏的分布格局。

目前，"胡焕庸线"所揭示的我国人口分布规律依然对实践具有指导意义。在我国地理学界评选出的"中国地理百年大发现"中，"胡焕庸线"位列前十。

是谁创造了中国？

一个又一个中国奇迹 —— 中国人创造了一个又一个"中国奇迹"

地球上人口最多的国家

- 我国人口基数大
- 我国人口政策随着国情不断调整
- "胡焕庸线"

中国的自然环境

4 地形和地势

大自然塑造了雄伟的高山，
将中国大地分割成独立的地理单元。
人们用桥梁、铁路、隧道、公路……连接起了整个大地，
它们重塑了我们的家园，也重塑了人们的生活。

⊕ 地形类型多样，山区面积广大

从空中俯瞰祖国的大好河山，你会发现祖国大地上有众多纵横交错的山脉、一望无际的平原、群山环抱的盆地、气势磅礴的高原，还有连绵起伏的丘陵，这些复杂多样的地形组合在一起，就构成了我们的家园。

中国是一个多山的国家，在我国的各种地形类型中，山地约占全国陆地总面积的 1/3。习惯上，人们把山地、丘陵和崎岖的高原统称为山区，我国的山区面积约占全国陆地总面积的 2/3。我国地势起伏大，陆地最高点为珠穆朗玛峰（海拔 8848.86 米），陆地最低点为艾丁湖（海拔 -154.31 米），两者海拔相差 9003.17 米。

我国山区面积广大，山区的地形特点对生活在那里的人们有什么影响呢？举例来说，云贵高原山路崎岖，交通不便，严重影响了当地人出行以及经济发展。而且，这里基础设施建设难度大、成本高；耕地面积小，不利于农业发展。另外，山区还容易发生崩塌、泥石流、滑坡等地质灾害。

山地 33%

盆地 19%

平原 12%

高原 26%

丘陵 10%

> 我国各类地形面积比例

　　为了改善山区人们的生活，我国建设了许多公路和铁路。随着交通条件的大幅改善，生活在山区的人们也凭借当地的旅游资源、矿产资源等走上了致富之路。

　　我们知道任何事物都有两面性，只有因地制宜科学发展，才能趋利避害。那我国山区面积广大，有什么优势呢？山区在发展林业、旅

◀ 北盘江第一桥位于贵州省和云南省交界处，桥面到谷底垂直高度约 560 米。北盘江第一桥的建成，有效地改善了云南、贵州等地的交通状况。

游业、采矿业等方面往往具有优势。

⊕ 地势西高东低，呈阶梯状分布

　　大文豪苏轼曾感慨："大江东去，浪淘尽，千古风流人物。"南唐后主李煜也曾写道："问君能有几多愁，恰似一江春水向东流。"古人早就发现大江大河总是自西向东流去，你知道这是为什么吗？答案就

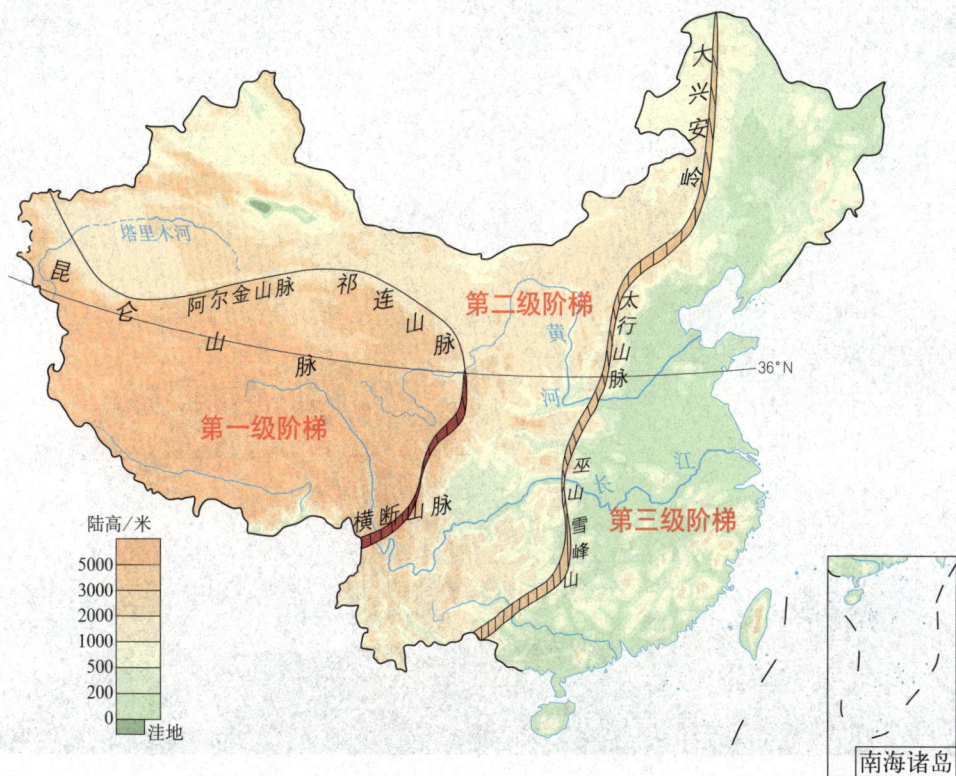

地图标注：

- 大兴安岭
- 塔里木河
- 昆仑山
- 阿尔金山脉
- 祁连山脉
- 太行山脉
- 黄河
- 第二级阶梯
- 第一级阶梯
- 横断山脉
- 巫山雪峰山
- 长江
- 第三级阶梯
- 36°N
- 南海诸岛

陆高/米

| 5000 |
| 3000 |
| 2000 |
| 1000 |
| 500 |
| 200 |
| 0 |
| 洼地 |

⋀ 中国地势三级阶梯分布示意图。图中突出反映了我国地势西高东低，呈阶梯状分布的特点。

在上面这幅"中国地势三级阶梯分布示意图"中，由图可知，我国地势西高东低，因此许多大江大河自西向东流入大海。

第一级阶梯一般指青藏高原，其面积约占全国陆地总面积的1/4，平均海拔在4000米以上，第一、二级阶梯的分界线大致为昆仑山脉—阿尔金山脉—祁连山脉—横断山脉等。世界14座海拔超过8000米的高峰中，有10座位于喜马拉雅山脉。其中，珠穆朗玛峰为世界最高峰，它傲视群山，雄伟壮丽。

青藏高原是众多河流的发源地，长江、黄河、雅鲁藏布江、澜沧

▲ 日光映照下的珠穆朗玛峰金灿灿的，格外美丽。

江等大江大河都发源于此。因而，人们称青藏高原为"亚洲水塔"。青藏高原上大大小小的湖泊星罗棋布。在碧波荡漾的湖边，也许你一抬头就能看到白雪皑皑的高山。

第二级阶梯和第三级阶梯的分界线是大兴安岭—太行山脉—巫山—雪峰山一线。第二级阶梯主要以高原、盆地为主，平均海拔为 1000～2000 米。这里有中国最大的沙漠——塔克拉玛干沙漠。

地势最低的第三级阶梯主要以平原、丘陵和低山为主，平均海拔不到 500 米。当然，这里也有海拔 1000 米以上的山，如庐山、井冈山、泰山、黄山等。

> 纳木错，位于西藏自治区中部，为世界著名的高原湖泊。"纳木错"藏语意为"天湖"。

△ 塔克拉玛干沙漠位于新疆南部的塔里木盆地，是中国最大的沙漠。图中远处的树便是被称为"活着千年不死，死后千年不倒，倒后千年不朽"的"沙漠英雄树"——胡杨。

我国西高东低的地势，便于海上湿润气流深入内陆，形成降水，有利于农业生产。我国众多大江大河发源于青藏高原，滚滚东流，有利于连通东西部的交通。河流在流经地势阶梯的交界处时，由于地势落差很大，因而水能资源较为丰富，我国众多水电站就建在阶梯的交界处，比如长江三峡水利枢纽工程、葛洲坝水利枢纽工程等。

思维导图学地理

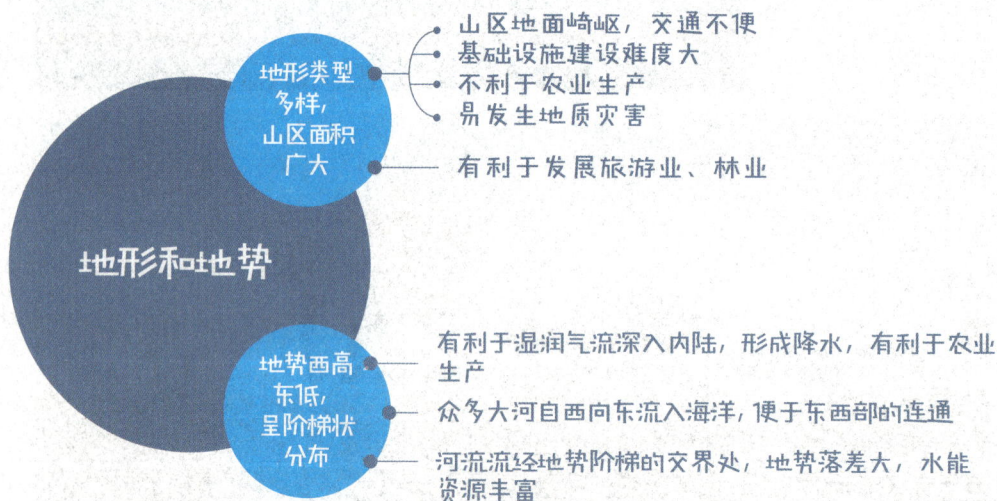

地形和地势

地形类型多样，山区面积广大
- 山区地面崎岖，交通不便
- 基础设施建设难度大
- 不利于农业生产
- 易发生地质灾害
- 有利于发展旅游业、林业

地势西高东低，呈阶梯状分布
- 有利于湿润气流深入内陆，形成降水，有利于农业生产
- 众多大河自西向东流入海洋，便于东西部的连通
- 河流流经地势阶梯的交界处，地势落差大，水能资源丰富

⑤ 地形类型

纵横交织的山脉之间镶嵌着四大高原、四大盆地和三大平原，它们共同构成了壮美瑰丽的祖国大地。

⊕ 山脉

"山"在历史长河中赢得了无数文人的吟诵，有杜甫的"会当凌绝顶，一览众山小"，李白的"两岸猿声啼不住，轻舟已过万重山"，还有苏轼的"不识庐山真面目，只缘身在此山中"……山脉被视为大地的"脊

昆仑山脉，西起帕米尔高原东部，横贯新疆、西藏并延伸至青海，全长约 2500 千米，平均海拔 6000 米。

梁",我们一起来认识它们吧！

　　我国的山脉纵横交错、连绵起伏，构成了中国地形的"骨架"。那这些山脉分布有规律吗？走向又是怎么样的？

　　我国山脉众多，大部分山地都呈条带状分布，并且沿着一定方向延伸。山脉延伸的方向即为山脉的走向。若干山脉组合则形成了山系。

　　东西走向的山脉主要有三列：天山山脉—阴山山脉，昆仑山脉—秦岭，南岭。

　　东北—西南走向的山脉主要有三列：大兴安岭—太行山脉—巫山—雪峰山，长白山脉—武夷山，台湾山脉。

▲ 中国主要山脉分布图

图例：
— 东西走向山脉
— 东北-西南走向山脉
— 西北-东南走向山脉
— 南北走向山脉
— 弧形山脉

南海诸岛

南北走向的山脉主要有横断山脉等。

西北—东南走向的山脉主要有阿尔泰山脉、祁连山脉等。

我国还有一个巨大的弧形山脉——喜马拉雅山脉。

知识窗

山脉往往也成为一些省级行政区域的天然分界线。例如太行山脉就是山西省和河北省的分界线；巫山的西侧是重庆市，东侧是湖北省；武夷山脉的西侧是江西省，东侧是福建省。

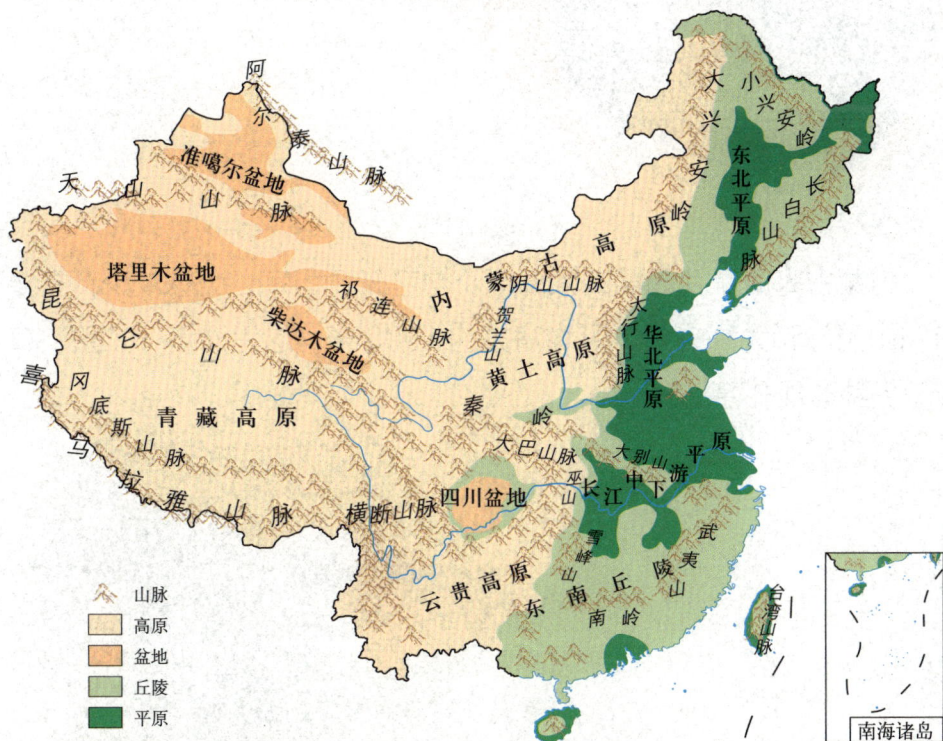

图例
- ⋀ 山脉
- 高原
- 盆地
- 丘陵
- 平原

南海诸岛

∧ 中国地形简图。你可以在图上找一找四大高原、四大盆地和三大平原。

四大高原

我国有四大高原，分别是青藏高原、云贵高原、内蒙古高原和黄土高原。受到地理环境的影响，青藏高原、内蒙古高原、黄土高原和云贵高原虽然都是高原，但风貌各异。

青藏高原是世界上最高的高原，平均海拔在 4000 米以上，被称为"世界屋脊"。青藏高原分布着许多高大的山脉，这里雪山连绵、冰川广布。

青藏高原

中国最大、世界海拔最高的高原，被称为"世界屋脊"。

内蒙古高原是我国第二大高原，地势开阔坦荡，山脉较少，主要有阴山山脉和大兴安岭，平均海拔约 1000 米。这里沙漠、戈壁、草原等多种景观并存。

内蒙古高原

辽阔的内蒙古高原上有成群的牛羊。

黄土高原海拔 800～3000 米，这里地表支离破碎、沟壑纵横，水土流失比较严重。

黄土高原

因地面覆盖厚厚的黄土层而得名。

云贵高原位于我国西南地区，海拔 1000～2000 米。这里地形崎岖，石灰岩广布，是我国喀斯特地貌发育最完整、最典型的地区之一。

云贵高原

地表崎岖不平，石灰岩广布。

⊕ 四大盆地

我国盆地众多，其中面积较大的有塔里木盆地、准噶尔盆地、柴达木盆地和四川盆地。

塔里木盆地和准噶尔盆地分别位于新疆的南部和北部，它们之间隔着天山山脉。塔里木盆地是我国面积最大的盆地，准噶尔盆地是我国面积第二大盆地。塔里木盆地拥有丰富的油气资源。准噶尔盆地分布着奇特的雅丹地貌，该地貌造型千奇百怪，颜色极为丰富。

塔里木盆地

这里有世界上在流动沙漠中修建的最长的公路。

准噶尔盆地

这里雅丹地貌广布。

柴达木盆地位于青藏高原，是我国海拔最高的盆地。这里不仅是"盐的世界"，而且还有丰富的石油、天然气、铅、锌等多种矿产资源，所以柴达木盆地有"聚宝盆"的美称。

四川盆地位于我国西南部，由群山包围，内部低山丘陵起伏，西部的成都平原地势平坦、土壤肥沃，自古有"天府之国"的美誉。四川盆地因多紫红色砂页岩，故有"紫色盆地"之称。它是我国四大盆地中纬度最低、海拔最低的盆地。

柴达木盆地

位于柴达木盆地南部的察尔汗盐湖是中国最大的盐湖。

四川盆地

四川盆地除成都平原外，还有许多起伏的低山丘陵。这里形成了富有特色的"巴蜀梯田"。

⊕ 三大平原

　　我国的平原主要有东北平原、华北平原、长江中下游平原等。

　　东北平原主要由松花江、嫩江和辽河冲积而成，是我国面积最大的平原，它以肥沃的黑土著称。中华人民共和国成立之前，东北平原北部杳无人烟，一派荒芜景象，被人们称为"北大荒"。中华人民共和国成立后，经过一代又一代人的努力开发与建设，"北大荒"变为了"北大仓"。

　　华北平原主要是由黄河、淮河、海河、滦河等冲积而成，也称黄淮海平原，其中黄河是塑造华北平原的最主要力量。这里冬季寒冷、夏季炎热、春秋短促，是中国重要的粮食、棉花、果品生产基地。

⌃ 东北平原是我国的大粮仓。

长江中下游平原是由长江及其支流冲积而成。长江中下游平原湖泊众多，河网密布，自古以来农业就非常发达，有"鱼米之乡"的美誉。

⌃ 长江中下游平原人口密集，多城市分布。

◄ 华北平原是中国第二大平原，面积广袤，地势低平。

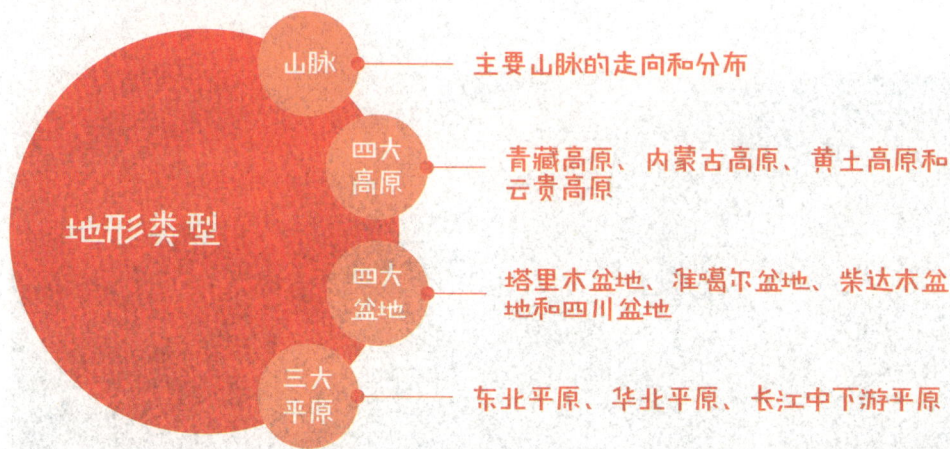

地形类型

- 山脉 —— 主要山脉的走向和分布
- 四大高原 —— 青藏高原、内蒙古高原、黄土高原和云贵高原
- 四大盆地 —— 塔里木盆地、准噶尔盆地、柴达木盆地和四川盆地
- 三大平原 —— 东北平原、华北平原、长江中下游平原

专题1

中国五岳

中国五岳，是中国五大名山的总称。它们分别是中岳嵩山（海拔 1491.7 米，位于河南省登封市）、东岳泰山（海拔 1532.7 米，位于山东省中部）、西岳华山（海拔 2154.9 米，位于陕西省东部）、南岳衡山（海拔 1300.2 米，位于湖南省衡阳市）和北岳恒山（海拔 2016.1 米，位于山西省东北部）。

千百年来，许多文人雅士都喜欢在这里赋诗作画。现代人也喜欢来这里旅游，人们登临五岳后，往往慨叹"五岳归来不看山"！

泰山日出

东岳泰山是"五岳"之首，有"天下第一山"之美誉。泰山巍峨陡峻，气势磅礴，故有"五岳独尊"之称。"登泰山而小天下""泰山北斗"这些词句人们往往耳熟能详，其实泰山已经成为中国传统文化中不可分割一部分。

西岳华山，因远望像花，故名华山。据清代著名学者章太炎考证，"中华"藉华山而得名。"自古华山一条路"，华山之险居五岳之首。

南岳忠烈祠

南岳忠烈祠为纪念抗日阵亡将士而建。南岳衡山位于我国南方地区，处处茂林修竹，终年翠绿；奇花异草，四季飘香，自然景色十分秀丽，因而又有"南岳独秀"之说。

恒山

北岳恒山，山势陡峭，沟谷深邃，著名的悬空寺便隐匿其中。相传舜帝巡狩至此，因见其山势雄伟，遂封为北岳。

嵩山中岳庙

中岳嵩山由太室山、少室山等组成，山峦起伏，有七十二峰，主峰峻极峰，亦称嵩顶。自南北朝起，这里成为宗教、文化重地。《诗经》中有"嵩高惟岳，峻极于天"的名句。

6 优越的气候

海南有享誉全国的椰子，
江西赣南有甜美多汁的脐橙，
山东烟台有香甜脆口的苹果，
新疆吐鲁番有"瓜中之王"——哈密瓜，
西藏昌都有汁多味甜的醉梨……
这是不同气候下大自然的馈赠。

∧ 海南的椰子

∧ 江西赣南的脐橙

∧ 吐鲁番的哈密瓜

∧ 山东烟台的苹果

⊕ 气候复杂多样

看到这么多水果，你会不会直流口水呢？我国的水果不仅产量大，而且品种丰富。每个地方都有其富有特色的水果，而各地的特色水果与当地的地理环境密切相关，其中，气候是最关键的因素。我国有哪些气候类型？它们又有什么特点呢？

我国地域辽阔，根据各地的气温和降水等特征，可以把我国的气候划分为五种主要类型（见下图）。多样的气候为我国农业生产及各种动植物的生长提供了优越的条件。世界上多数动植物在我国都有适合生长的地区。

北京

黄河

长江

南海诸岛

热带季风气候
亚热带季风气候
温带季风气候
温带大陆性气候
高原山地气候

⋀ 中国气候类型分布图

菠萝饭

热带季风气候主要分布在云南的西双版纳、广东的雷州半岛、台湾岛南部、海南岛及南海诸岛等地。这里全年炎热，降水季节变化明显，分为明显的旱、雨两季，盛产热带水果，如椰子、香蕉、菠萝等，当地人还会用水果做成香甜可口的菠萝饭、椰子饭呢！

亚热带季风气候主要分布在秦岭一淮河一线以南的亚热带地区，包括四川盆地、云贵高原、东南丘陵和长江中下游平原等地。这里夏季炎热多雨，冬季温和少雨，雨热同期，盛产亚热带水果，如脐橙、柚子、甘蔗、杨梅、人参果等。你吃过人参果吗？它就是在《西游记》中出现的一种水果，也叫长寿果。此果成熟时果皮呈金黄色，并略带紫色条斑，果肉味道独特，吃起来脆爽多汁。

人参果

温带季风气候主要分布在中国秦岭—淮河一线以北的季风区内。这里夏季高温多雨，冬季寒冷干燥，盛产温带水果，如苹果、桃子、梨、樱桃、李子、柿子等。其中有一种水果被称为"温带水果之王"，营养丰富而且香甜多汁，还有"智慧果""记忆果"的美称，它就是苹果。

⚠ 葡萄

温带大陆性气候主要分布在我国西北内陆地区。这里地处温带，又深居内陆，远离海洋，所以冬冷夏热，气温年较差大，且全年降雨较少。这些地区虽然比较干旱，但光照强，昼夜温差大，有利于果实糖分的积累。所以这里的水果品质好，特别甜。具有代表性的就是吐鲁番的哈密瓜和葡萄了。

高原山地气候主要分布在地势高峻的青藏高原。由于海拔高，气温低，云量少，空气稀薄，光照强，这里的水果都非常特别。比如昌都醉梨，它的外表跟平常见到的梨没什么区别，但其特别之处就在于"食之不觉酒味，食后不久宛然如醉"；林芝黑钻苹果，外形漂亮，表皮呈紫红色，在阳光下好像钻石一样闪亮，因此得名"黑钻苹果"，这种苹果产量较小。

⚠ 黑钻苹果

⊕ 季风气候显著

　　我国受季风影响非常大，因而我国的五种气候类型中就有三种是季风气候。那什么是季风？季风即一年内大范围盛行风向随季节有显著变化的风。季风主要由地球上行星风系的季节性南北移动、海洋与大陆温度对比的季节性变化所致。雨热同期是我国季风气候的一大优势。所谓雨热同期就是高温和降水在同一时期。高温期一般是植物生长的最佳时期，此时降水多就非常有利于植物的生长。

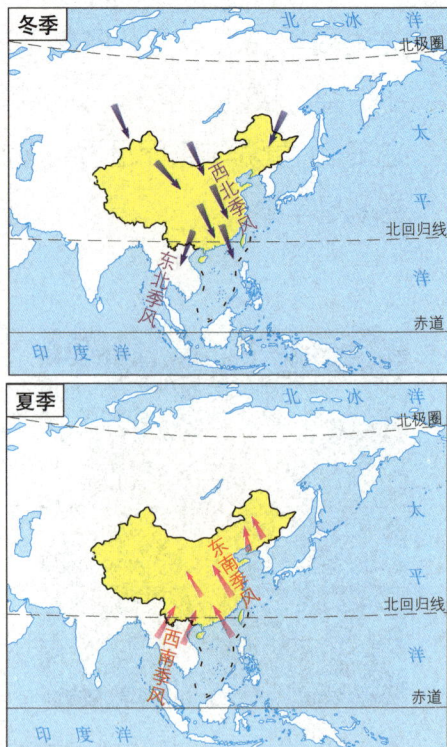

冬季

夏季

△ 影响中国的冬季风和夏季风示意图

❯ 雾凇是水汽遇冷凝华而成的自然奇观。

影响我国的冬季风来自寒冷、干燥的西伯利亚和蒙古一带，它的到来加剧了我国北方冬季的严寒，我国大部分地区都会受到冬季风的影响。但四川盆地、青藏高原、海南等地，或由于有高大山脉的阻挡，或由于地势比较高，再或由于距离冬季风源地比较远，受冬季风的影响较小。在冬季风的呼啸下，北方人穿着棉袄都会被冻得瑟瑟发抖，而在海南三亚生活的人则可以穿着拖鞋和短裤，躺在沙滩上享受冬日的暖阳。

影响我国的夏季风主要是来自太平洋的东南季风和来自印度洋的西南季风。夏季风所到之处会增温、增湿。在我国，季风区主要是指

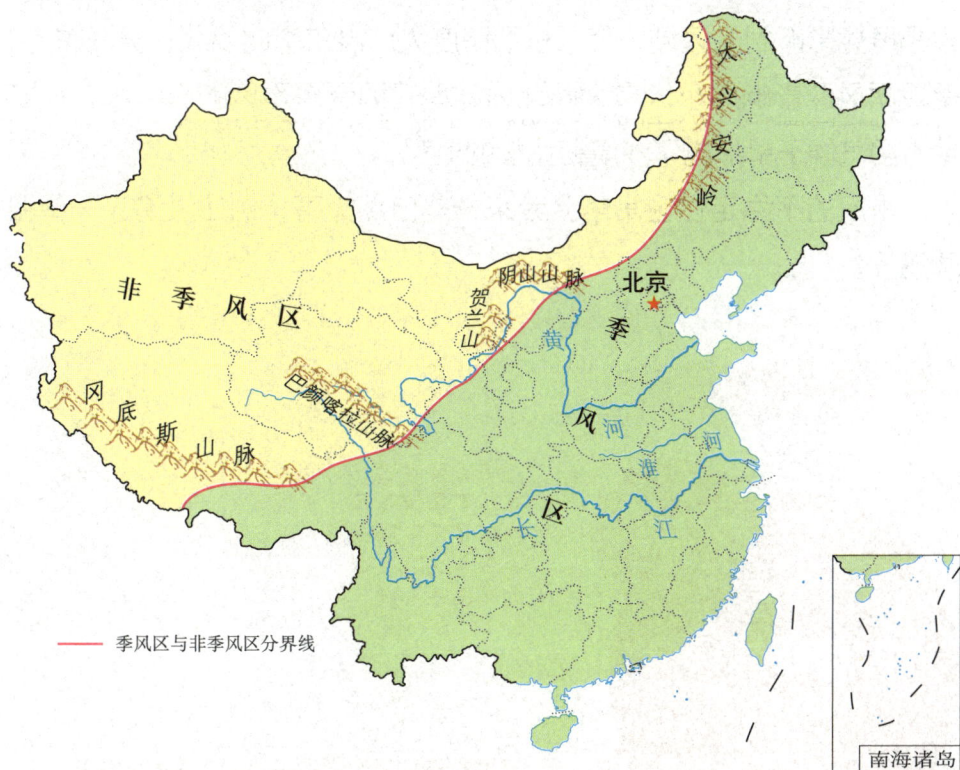

—— 季风区与非季风区分界线

南海诸岛

🔺 中国的季风区与非季风区分布图。季风区和非季风区大致以大兴安岭、阴山山脉、贺兰山、巴颜喀拉山脉、冈底斯山脉一线为界。

∧ 干旱

∧ 洪涝

夏季风能影响到的区域。我国东西跨度大，自东南向西北，离海越远，受夏季风的影响越小。广大西北内陆地区因受夏季风的影响小，很多地方因气候干旱形成了沙漠和戈壁的景观。

季风的不稳定性也常常会带来一些自然灾害，例如洪涝、干旱和寒潮等。

思维导图学地理

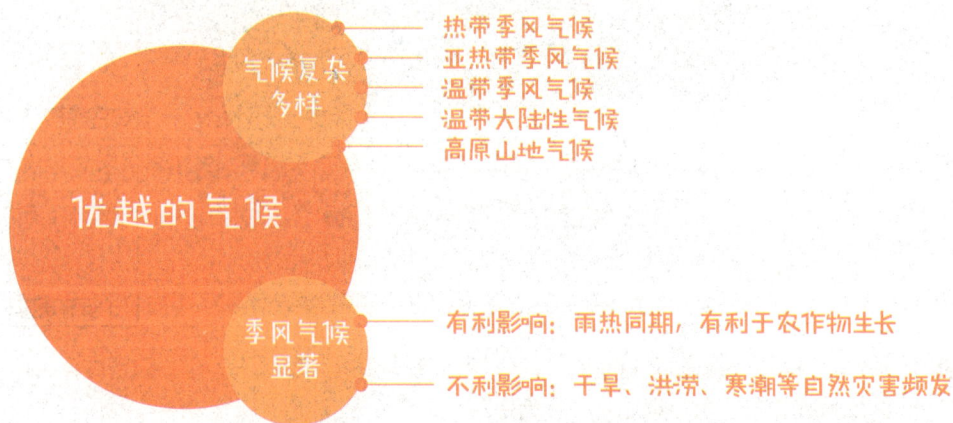

优越的气候

气候复杂多样
— 热带季风气候
— 亚热带季风气候
— 温带季风气候
— 温带大陆性气候
— 高原山地气候

季风气候显著
— 有利影响：雨热同期，有利于农作物生长
— 不利影响：干旱、洪涝、寒潮等自然灾害频发

7 拥有"兄弟情谊"的河流与湖泊

河流是大地的动脉,
湖泊是大地的明珠,
它们共同滋养着中华儿女。

水是生命之源,河流与湖泊是陆地地表水的主要载体。湖泊与河流可以相互调节水量。当河流的水位高时,河流会补给湖泊;当湖泊的水位高时,湖泊会补给河流。比如,中国最大的河流——长江与中国最大的淡水湖——鄱阳湖就是这样一对互相补给的"好兄弟"。

⊕ 我国的河流

河流,塑造了富饶的平原,又为众多动植物提供了生存场所,更为人类提供了丰富的淡水资源,还具有养殖、灌溉、运输、发电等作

🔺 河流像树叶上的叶脉,干流像主脉,大大小小的支流像侧脉。

▲ 塔里木河是我国最大的内流河。

用。世界四大文明古国都是在河流的哺育下形成的，这也足以看出河流对人类文明的意义和价值。

我国河流众多，不仅有长江、黄河、黑龙江、淮河、珠江和雅鲁藏布江这些大河，还有数以万计的中小河流。人们常认为，河流的归宿就是大海，事实上并不是所有的河流都流入海洋。一般以河流最终是否流入海洋来判别其属于内流河还是外流河。我国大多数河流属于外流河，如长江、黄河等流入太平洋的河流。有的河流不能流入海洋，而是流入内陆湖泊或消失在沙漠中，我们一般把这类河流称为内流河，内流河水量不到全国河流总水量的 5%。塔里木河是我国最大的内流河。

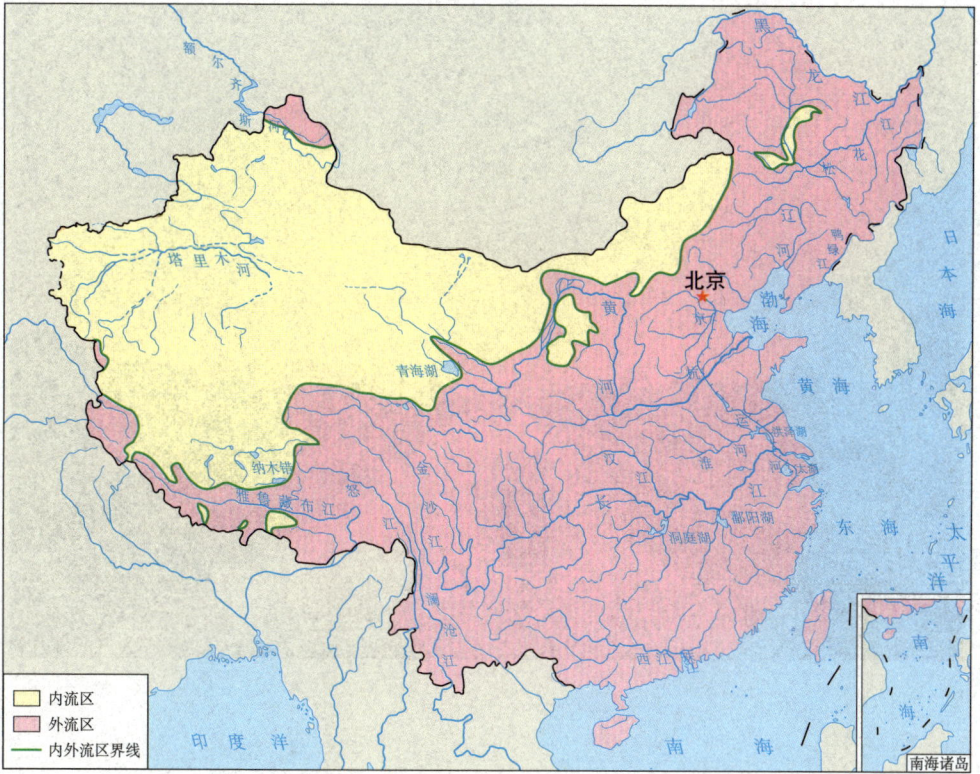

🔺 中国主要河流与湖泊分布图。你可以在图中找找黑龙江、黄河、淮河、长江、澜沧江、怒江、雅鲁藏布江、塔里木河和额尔齐斯河。

　　读中国主要河流与湖泊分布图，你会发现我国河流分布是不均匀的，整体呈现出东多西少、南多北少的特点。

　　澜沧江位于我国西南部，因受地势影响，从北往南流，流出我国之后被称为湄公河，最后在东南亚流入太平洋。我国西南地区的怒江、雅鲁藏布江则流入了印度洋。

　　额尔齐斯河是我国唯一流入北冰洋的河流。

∧ 京杭运河

知识窗

世界上最长的人工运河——京杭运河

京杭运河全长 1747 千米，自北向南经过京、津、冀、鲁、苏、浙六个省级行政区域，贯通了海河、黄河、淮河、长江、钱塘江五大水系。

京杭运河为历代漕运要道，对我国南、北方地区经济、文化的发展与交流起到了很大的作用。在南水北调工程中，京杭运河是东线工程的重要输水通道。2014 年，京杭运河被列入《世界遗产名录》。

⊕ 我国的湖泊

我国湖泊众多，著名的有青海湖、鄱阳湖、洞庭湖、西湖、呼伦湖、长白山天池（白头山天池）、滇池、日月潭、纳木错等。我国面积在 1 平方千米以上的天然湖泊有 2800 多个。

鄱阳湖是我国最大的淡水湖，位于江西省北部，连同其外围一系列大小湖泊，是我国重要的天然水产资源宝库。鄱阳湖犹如一个系在万里长江上的巨大的宝葫芦。它不仅具有超强的调蓄洪水的作用，更是众多野生动物生存、繁衍的栖息地。

中国虽然湖泊众多，但在分布上很不均匀。东部季风区的湖泊以淡水湖为主，特别是长江中下游地区，分布着很多的淡水湖。非季风区的湖泊以咸水湖为主，它们主要分布在青藏高原地区。其中，青海湖是我国著名的咸水湖，也是我国面积最大的湖泊。

⌃ 鄱阳湖候鸟

△ 青海湖风光

思维导图学地理

拥有"兄弟情谊"的河流与湖泊

我国的河流
— 分布特点：东多西少、南多北少
— 外流河
  - 流入北冰洋：额尔齐斯河
  - 流入太平洋：黄河、淮河、长江、珠江等
  - 流入印度洋：怒江、雅鲁藏布江等
— 内流河 • 塔里木河

我国的湖泊
— 主要湖泊
  - 鄱阳湖：中国最大的淡水湖
  - 青海湖：中国最大的湖泊、咸水湖

少年读中国地理

⑧ 长江：哺育中国的长龙

你从雪山走来，春潮是你的风采；
你向东海奔去，惊涛是你的气概。
你用甘甜的乳汁，哺育各族儿女；
你用健美的臂膀，挽起高山大海。
……

——节选自《长江之歌》

这段《长江之歌》的歌词形象地描绘了长江波澜壮阔、曲折迂回的特征。这首歌抒发了中华儿女对长江的无限赞美之情。

⊕ 长江概况

长江全长 6300 千米，是我国流程最长、流域面积最广、水量最大的河流，是中国第一大河、世界第三大河。它发源于青藏高原唐古拉山脉，干流流经 11 个省级行政区域后，在上海市注入东海。

长江上游主要流经我国地势的第一级阶梯和第二级阶梯，河水奔流在高山峡谷之中，水流湍急。其中，云南省的虎跳峡是有名的峡谷地段，水能资源非常丰富。宜昌是长江上、中游的分界处。中游荆江段的河道蜿蜒曲折，有"九曲回肠"之称，此处河水流速变缓，泥沙容易淤塞，常造成水流不畅。湖口位于长江南岸，西濒鄱阳湖，是长江中、下游的分界处。长江下游江阔水深，水流缓慢，利于航运。这里地势低平、水网密布，物产丰富，是著名的"鱼米之乡"。

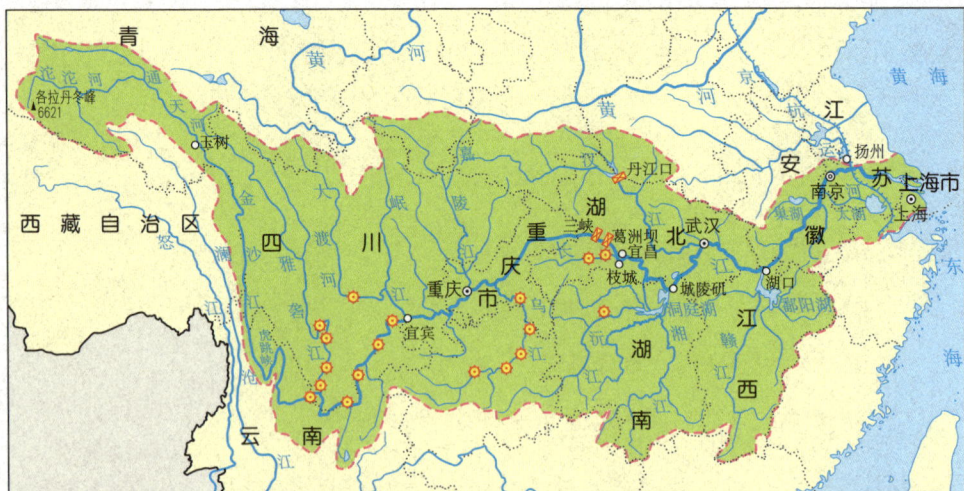

青海
西藏自治区
四川
云南
重庆市
湖北
湖南
江西
安徽
江苏
上海市
黄海
东海

各拉丹冬峰
6621
玉树
丹江口
三峡
葛洲坝
宜昌
枝城
城陵矶
武汉
湖口
鄱阳湖
南京
扬州
上海
重庆市
宜宾

- - - - 流域范围线　　四川 长江干流流经的省级行政区域　　⊕ 大型水电站　　⚡ 大型水利枢纽

∧ 长江流域简图。你可以找一找划分长江上、中、下游的宜昌和湖口。

∧ 虎跳峡以"险"著称，是中国最深的峡谷之一。

⚠ 长江三峡水利枢纽是世界上规模最大的水电站，也是中国有史以来建设的最大的水利工程项目。

⊕ 长江对社会经济的影响

自古以来，长江就是我国东西航运的大动脉。长江干流横贯东西，支流分列南北。长江中下游流经平原地区，河水终年不冻，航运条件极为优越，是我国最重要的内河航道，被称为"黄金水道"。

长江是我国巨大的"水能宝库"，水能资源主要集中在上游河段。中华人民共和国成立后，我国在长江支流和干流上相继建成了多座水电站和水利枢纽。

⊕ 问题与治理

　　长江是世界上水生生物非常丰富的河流，据不完全统计，长江流域有水生生物4300多种，其中鱼类400多种，长江特有鱼类170多种。随着社会经济的发展，长江的生物资源也面临一些危机，鲥鱼、中华鲟等珍稀动物濒临灭绝。长江是我国淡水渔业的摇篮，鱼类基因的宝库。为保护长江流域渔业资源，我国已在长江干流和重要支流、湖泊等实行暂定为期10年的禁渔政策，禁止天然渔业资源的生产性捕捞。

◀ 长江白鲟又名中国剑鱼，是中国特有的鱼类，也是国家一级保护动物，有"水中大熊猫"的美誉。长江白鲟于2022年7月21日被世界自然保护联盟宣布灭绝。

　　长江中下游平原地势低平，夏季一遇暴雨极易发生洪涝灾害。为了预防洪涝灾害的发生，人们在上游修建水利枢纽来调节水量。例如世界上最大的水利枢纽——长江三峡水利枢纽工程，就修建在宜昌境内。其巨大的库容所提供的调蓄能力，能够使中下游地区抵御百年一遇的特大洪水。同时，它还兼具发电、航运等多种功能。除了修建水利枢纽工程外，人们还在长江上游地区采取退耕还林、还草来保持水土，在中游采取截弯取直、退田还湖、加高加固堤防等措施来预防洪涝灾害。

中国的自然资源

9 自然 "家底" 有多少?

自然资源总量丰富，
而人均占有量不足。
节约和保护自然资源，
从你我做起。

⊕ 自然资源是什么

大自然为人类的生产、生活提供了各种各样的自然资源：为农业发展提供土地、阳光和水；为冶炼钢铁提供矿产资源；为机器运转提供石油、煤炭、风能等能源；为造纸业提供树木等原料。大自然为人类活动提供的土地、矿产、森林、水等有价值的物质，都可以称为自然资源。

自然资源可分为可再生资源和非可再生资源。水、森林、阳光等可以在短时间内再生或更新的资源，被称为可再生资源。石油、铁、煤等需要经过漫长的地质年代才能形成的资源，被称为非可再生资源。

⊕ 自然资源 "家底" 有多厚

我国自然资源的 "家底" 有多厚呢？先看一组数据：我国陆地面积居世界第三位；我国已探明的矿产资源总量居世界第三位，其中我国储量居世界首位的矿产资源有钨、锑、钛、稀土等；我国耕地面积居世界第四位。

稀 土

稀土即稀土金属，是元素周期表中的镧系元素和钪、钇共17种金属元素的总称。中国稀土资源储量居世界第一。稀土异常珍贵，不仅因为储量稀少、不可再生，更因为其广泛应用于农业、工业、军事等领域，是新材料制造的重要依托资源，是关系到尖端技术开发的关键性资源，被称为"万能之土"。

然而，我国人均土地占有量不足世界人均占有量的 1/3，我国人均矿产资源占有量不到世界平均水平的 2/3，我国人均耕地面积不到世界平均水平的 1/2。随着社会经济的飞速发展，我国对自然资源的需求量不断增加。我国虽然自然资源总量丰富，但人均占有量不足，资源相对短缺。因此，人们正在想各种办法保证自然资源的稳定供给，比如开发利用新能源、增加自然资源进口量等。

⋀ 风力发电

世界最大石油进口国——中国

石油被称为"工业的血液"，是我国不可或缺的重要能源资源和化工燃料。近年来，我国经济飞速发展，对石油的需求不断攀升，国内石油产量已无法满足巨大的消费需求。目前，我国已经成为世界最大石油进口国，2021年，中国原油进口量约为 5.13 亿吨。

中国地质力学的创立者——李四光

他，立志科学救国，三易专业，只因国家需要；他，冲破层层阻挠，历时一年多终于回国，只为建设新中国；他，耗尽毕生心血，创立地质力学理论；他，提出"先找油区、后找油田"的理论，帮助中国摘掉"贫油国"的帽子；他，指导人们寻找铀矿，为"两弹"事业奠定坚实基础；他，就是中国地质学之父——李四光。

↑ 李四光

⊕ 保护资源，从你我做起

　　我国自然资源及其利用的基本特征是资源总量丰富但人均不足，资源利用率低。对我们普通人来说，节约和保护自然资源是我们建设美丽家园的责任与义务。比如，我们可以从垃圾分类这件小事做起。有人说："世界上本没有绝对的垃圾，只有放错地方的资源。"

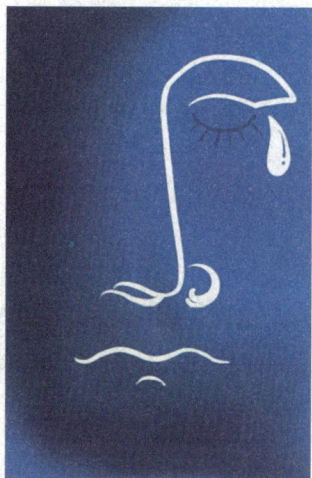

别让我们的眼泪，成为最后一滴水
节约用水，从你我做起

3月22日 世界水日

∧ 节约用水广告

其他垃圾　　厨余垃圾　　可回收物　　有害垃圾

∧ 垃圾分一分，城市美十分。

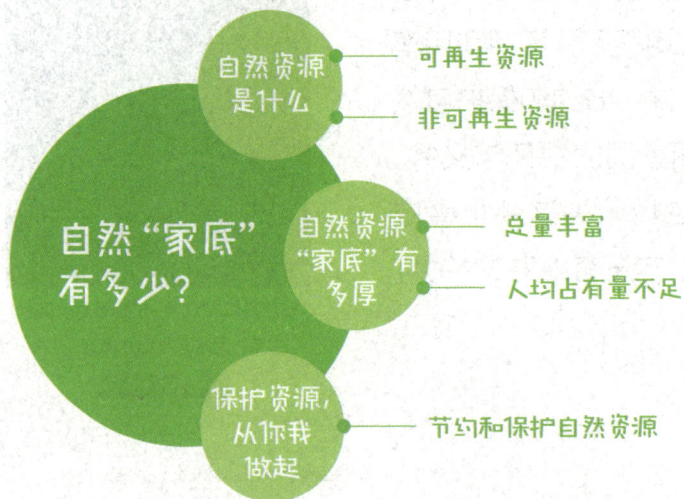

自然资源
是什么 —— 可再生资源

—— 非可再生资源

自然"家底"
有多少？

自然资源
"家底"有
多厚 —— 总量丰富

—— 人均占有量不足

保护资源，
从你我
做起 —— 节约和保护自然资源

⑩ 土地：万物之母

为什么我的眼里常含泪水？

因为我对这土地爱得深沉……

——节选自《我爱这土地》

　　这句诗出自艾青的现代诗《我爱这土地》，它表达了诗人那颗真挚、炽热的爱国之心。在我国，自古就有重视土地的传统，远古有女娲用泥土造人的传说。在古代，土地也是皇权的象征，正所谓"普天

⋀ 北京中山公园内的社稷坛是现在保存最为完好的社稷坛。社稷坛上层铺有五色土，饱含着古代人对土地的崇拜。在古代，这五种颜色的土壤，由全国各地纳贡交来，以表明"普天之下，莫非王土"之意。

之下，莫非王土"。

土地是我们的衣食之源，也是我们所有生产、生活的场所。我们建房子、种庄稼、放牛羊、修路铺桥、开发矿藏……都离不开土地。

⊕ 种类齐全，比例不均

我国幅员辽阔，但由于山地面积广，平原较少，加上人口基数大，所以我国人均土地资源占有量少。我国土地类型齐全，但各类型所占比例不尽合理，耕地少，难以利用的土地多，人与耕地的矛盾尤为突出。

我国土地资源构成特点可以概括为"一少一多一不足"。"一少"是指耕地少；"一多"是指难以利用的土地多，比如荒漠、石山、永久积雪和冰川等土地都很难利用；"一不足"是指后备耕地不足。

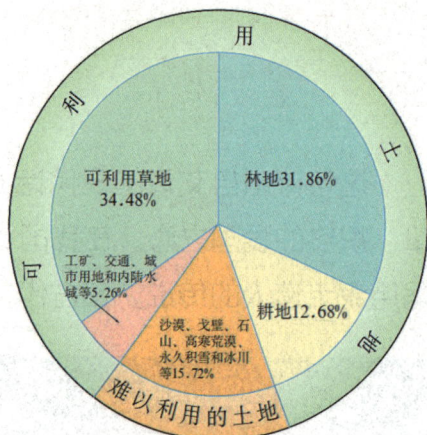

可利用草地 34.48%

林地31.86%

工矿、交通、城市用地和内陆水域等5.26%

沙漠、戈壁、石山、高寒荒漠、永久积雪和冰川等15.72%

耕地12.68%

难以利用的土地

▲ 中国土地利用类型的构成

⊕ 分布不均，差异显著

我国主要土地利用类型的分布很不均衡，其中，耕地和林地主要分布在东部季风区，这里的土地利用率较高。总体而言，北方多旱地，南方多水田，林地主要分布于山区。

西部干旱、半干旱区降水较少，沙漠、戈壁和石山等较多，大部分地区都是难以利用的土地。但在灌溉水源充足的山麓地带和绿洲上，也有零星的耕地分布。

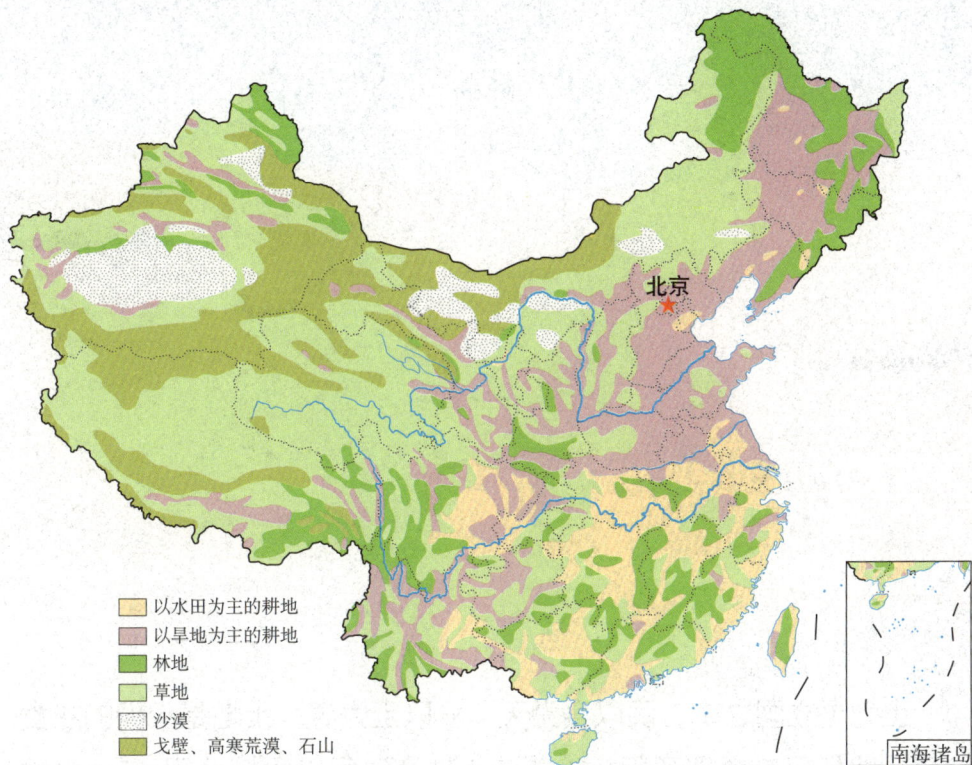

图例:
- 以水田为主的耕地
- 以旱地为主的耕地
- 林地
- 草地
- 沙漠
- 戈壁、高寒荒漠、石山

北京

南海诸岛

⋀ 中国主要土地利用类型分布图

⊕ 珍惜土地，合理利用

　　为什么要珍惜、合理利用土地呢？大家都听说过楼兰古城的故事吧，那里曾经是一座建在绿洲上的美丽城市，商贾云集，一片繁华，但它渐渐消失了。现在的楼兰只剩下了废墟与传说。有人认为，它之所以消失，其中一个很重要的原因是当时的人们乱砍滥伐、过度放牧等致使土地沙漠化。没有树木、草地的保护，楼兰经常被风沙侵蚀，生态环境恶化，人们不得不离开这里。

　　土地利用不合理所造成的土壤退化、土地污染等问题需要引起我们的重视。

▲ 纵横交错的方格沙障

　　土地是立国之本。民以食为天，食以土为源，土地是人们的衣食父母，我们只有合理利用，才能使土地资源得以永续使用。"十分珍惜、合理利用土地和切实保护耕地"是我国的一项基本国策。只有珍惜和合理利用每一寸土地，我们才能把祖国建设得更加美好。

◀ 土地沙漠化正在侵蚀野生动物的生存空间。

土地：
万物之母

种类齐全，
比例不均

现状：总量丰富，人均占有量不足

特点："一少一多一不足"

分布不均，
差异显著

耕地主要分布在东部

林地主要分布在山区

草地、沙漠、戈壁等主要分布在西部

珍惜土地，
合理利用

对破坏土地、污染土地的案例要警醒和深思

基本国策：十分珍惜、合理利用土地和切实保护耕地

⑪ 润泽万物的水

上善若水，

水利万物而不争。

——节选自《老子》

我们平常所说的水资源，是指陆地上的淡水资源。淡水主要由河流、湖泊、冰川以及地下水所构成。虽然我国的水资源总量排在世界前列，但人均用水量却只有世界平均水平的 1/4。我国的水资源分布有哪些规律？我国哪些地方比较缺水，有哪些解决方法呢？

⊕ 时空分布不均

我国水资源的分布主要受降水的影响，表现出时间分配不均匀、空间分布不平衡的特点。

从时间分配上来看，我国大部分河流的径流量夏秋季节大，冬春季节小。我国东部季风区，降水集中在夏秋季节，非常容易造成洪涝灾害。从空间分布上来看，我国年降水量总体呈现从东南沿海向西北内陆递减的规律。

水资源分布不均既影响人口的分布，也制约经济的发展，还带来了一些生态问题。

⊕ 合理利用和保护水资源

我国很多地区存在用水紧张问题，其中既有水资源短缺的原因，

∧ 洪涝灾害

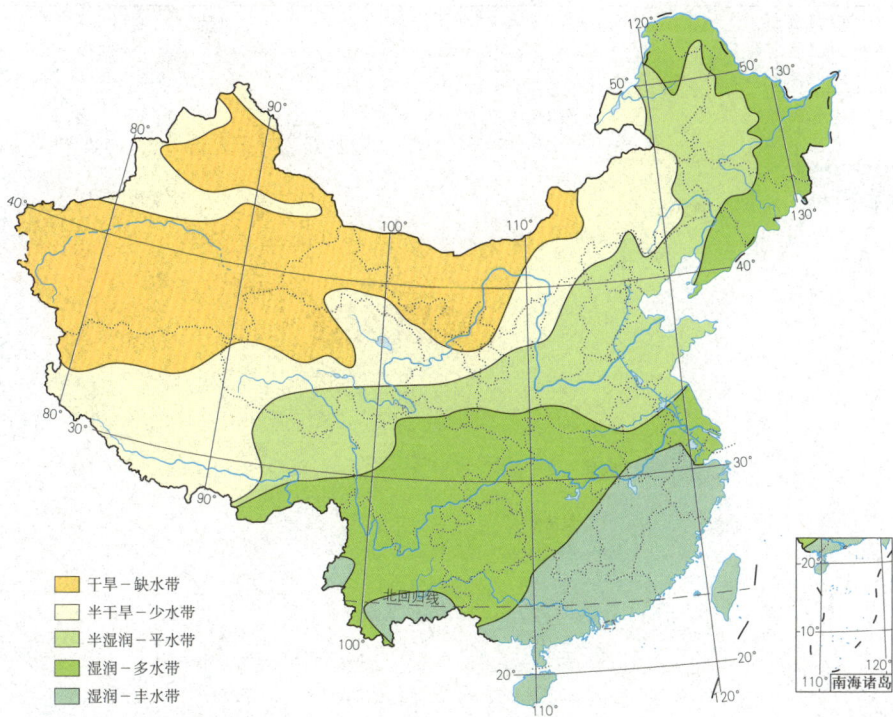

干旱－缺水带
半干旱－少水带
半湿润－平水带
湿润－多水带
湿润－丰水带

∧ 中国水资源分布示意图

也有水资源被污染、浪费严重的原因。要缓解水资源紧张的局面，需要我们养成合理利用的习惯，在生活中培养节约用水的意识。

改善水资源空间分布不平衡的状况，可以实施调水工程，把一个地方的水资源调到另外一个地方使用。我国已建成了一系列调水工程，例如南水北调工程的东线、中线工程，就是把长江流域的水引入北方地区，尤其是缺水的华北地区。还有一些其他的调水工程，比如引滦入津工程，是把滦河水调到海河水系，供应天津用水；引黄济青工程，是把黄河水引入青岛。这些工程大大缓解了调入区水资源紧张的状况。

修建水库可以缓解水资源时间分配不均引起的一些问题。丰水期的时候，用水库把水存储起来，枯水期的时候，再根据需要把水放出

南水北调工程示意图

南水北调工程

　　早在 1952 年，毛主席在视察黄河时就提出"南方水多，北方水少，如有可能，借点儿水也是可以的"这样的观点。后来，这一构想不断被完善，形成了今天人们看到的宏伟的南水北调工程。

　　南水北调工程是将长江流域的水资源调到华北和西北地区，它分为东、中、西三线，其中东线工程是从江苏扬州江都水利枢纽提水，向华北地区输送生产、生活用水。中线工程是从汉江的丹江口水库调水到华北地区。东线工程和中线工程已经实施，并且已经开始供水，从很大程度上缓解了华北地区缺水的困境。但是西线调水方案仍处于研究论证阶段，该方案打算把长江上游的水引入黄河，补充西北地区的水资源。

　　⋀ 小浪底水利枢纽位于河南省洛阳市孟津区和济源市之间、黄河中游最后一段峡谷的出口处，它是治理、开发黄河的关键性工程之一。

来。例如，三峡水利枢纽和小浪底水利枢纽建成以后，对长江和黄河的防洪以及水资源调配发挥了重要作用。

以前，全国有大量生产、生活废水未经处理直接排入河湖之中，导致全国部分地区的水环境恶化，使本来就短缺的水资源变得更加紧张。此外，严重的水污染也降低了水资源的可利用价值，还会威胁水生生物的生存。因此，节约用水、保护水资源是解决我国缺水问题的重要途径。

思维导图学地理

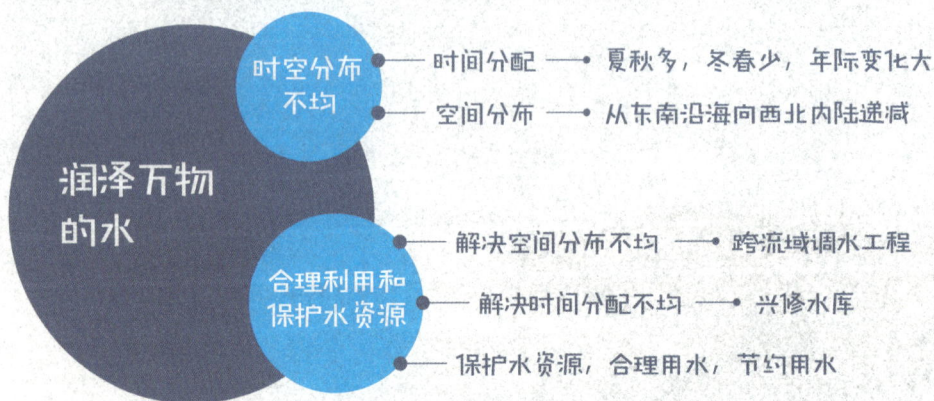

润泽万物的水

时空分布不均
— 时间分配 —— 夏秋多，冬春少，年际变化大
— 空间分布 —— 从东南沿海向西北内陆递减

合理利用和保护水资源
— 解决空间分布不均 —— 跨流域调水工程
— 解决时间分配不均 —— 兴修水库
— 保护水资源，合理用水，节约用水

⑫ 野生动物的乐园

森林中，金丝猴在玩耍嬉戏，

高原上，藏羚羊在悠闲地吃草，

竹林间，熊猫在美美地睡觉，

这里是中国——野生动物的乐园。

近年来，人们非常重视对野生动物的保护。那么，中国的野生动物有多少种？它们有什么样的生存技能呢？

中国辽阔的领土、复杂的地貌和多样的气候，共同孕育了非常丰富的生物物种。据统计，我国有哺乳动物 687 种、鸟类 1445 种、爬行动物 552 种、两栖动物 548 种、鱼类 4969 种、昆虫及其他无脊椎动物 55685 种。

在神州大地上，数不清的动物在这里繁衍生息，它们互相依存，时时刻刻都在上演着精彩的生存故事，谱写着一曲曲美丽的生命乐章！

⟡ 动物的生存技能

"物竞天择，适者生存"是所有野生动物的生存法则。不同的动物生活在不同的环境里，也演化出了适应环境的各种技能。

东北地区纬度高，气候寒冷，为了适应环境，这里的动物们都演化出耐寒的本领，如紫貂就有厚厚的皮毛来抵御严寒。正是因为紫貂的皮毛防寒保暖效果好，不仅被誉为东北三宝（人参、貂皮、鹿茸）

之一，还被很多不法商人制成貂皮大衣卖出天价。紫貂因遭到过度捕杀，现在已成了濒危动物。它也是国家一级保护动物。我们要保护动物，拒绝皮草。

在干旱的西北荒漠中，很多野生动物都演化出了耐渴的特殊本领，

骆驼

△ 牦牛

比如沙漠之舟——骆驼。在没有水的条件下，它可以生存 2 周以上，在没有食物的条件下，它可以生存 1 个月之久！这是因为骆驼在它的驼峰里储存了丰富的脂肪，能为其身体提供水和能量。

在湿热的南方森林中有一种猿演化出了长臂，长臂可以帮助它们在错综的树冠层间快速移动，用于捕获食物或者躲避捕食者，它们就是长臂猿。

在高寒的"世界屋脊"——青藏高原，由于空气稀薄，氧气含量低，这里的动物有耐寒、耐缺氧的本领。比如，牦牛的皮毛可御寒、防湿，适应寒冷气

△ 长臂猿

候，它胸廓大，气管粗短，血液中血红蛋白含量高，呼吸频率高、脉搏跳动快，可以适应高原缺氧环境。

⊕ 保护野生动物，守护美丽家园

"有一位女孩，她留下一首歌，为何片片白云悄悄落泪，为何阵阵风儿轻声诉说，还有一群丹顶鹤，轻轻地轻轻地飞过……"

这首歌曲讲述了一名女孩为救丹顶鹤而献出生命的真实故事。每当人们唱起它，就会唤醒我们对大自然的热爱。

大自然是野生动物栖息的场所，它是由不同的生态系统构成的，每种生物都是生物链上的重要一环。一个物种的灭绝会影响到另外一个物种的生存，甚至会使整个生态系统崩溃！

有鉴于此，我们国家已经建立了 2700 多个自然保护区，努力为

△ 亚洲野生象群

野生动物的生存和繁衍提供保障。作为世界上野生动物种类最丰富的国家之一，这些年来，我国通过保护栖息地、拯救繁育等措施，在野生动物的保护方面取得了明显成效。

近年来，随着保护力度的加大，亚洲象种群的数量由 150 头左右增长至 300 头左右；为拯救野生扬子鳄，通过人工繁育，扬子鳄的数量已经从 120 条增长到现在的近 2 万条；长江江豚的数量在人类的保护下也在稳步增长……

野生动物是人类的朋友，也是大自然不可或缺的一部分！地球不仅仅属于人类，也是所有生物的家园。让我们一起努力，行动起来吧，保护它们也是保护我们自己！

思维导图学地理

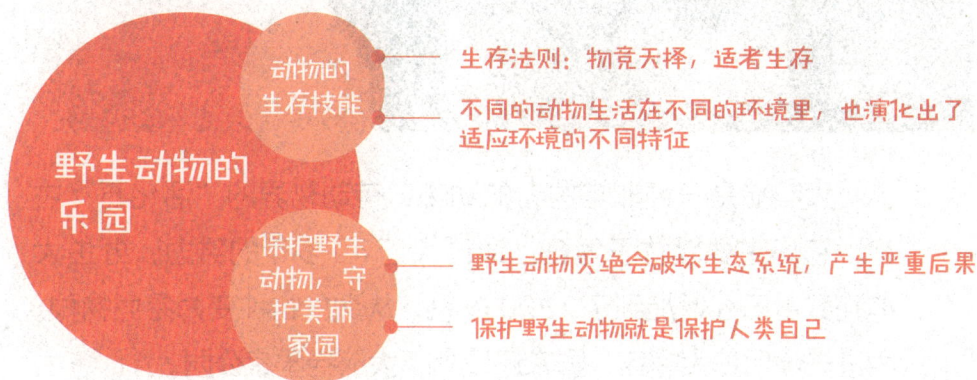

野生动物的乐园

动物的生存技能
- 生存法则：物竞天择，适者生存
- 不同的动物生活在不同的环境里，也演化出了适应环境的不同特征

保护野生动物，守护美丽家园
- 野生动物灭绝会破坏生态系统，产生严重后果
- 保护野生动物就是保护人类自己

中国十大珍稀野生动物

1. 国宝——大熊猫

　　大熊猫是一种非常古老的动物，有动物界的"活化石"之称，它们主要以竹子为食。通过人们 40 多年的努力，野生大熊猫数量已经增加到了 1800 多只，从濒危物种变为易危物种。为进一步保护大熊猫，国家还设立了大熊猫国家公园。

2. 国宝——金丝猴

　　金丝猴有缅甸金丝猴（怒江金丝猴）、川金丝猴、滇金丝猴、黔金丝猴、越南金丝猴 5 种，除缅甸金丝猴（怒江金丝猴）和越南金丝猴外，其他均为中国特有的珍贵物种。它们毛质柔软，鼻子上翘，背覆"金丝披风"，可以攀树跳跃，腾挪如飞！

3. 长江奇兽——白鱀豚

白鱀豚是中国特有的一种淡水鲸，被列为国家一级保护动物。白鱀豚栖息于长江中下游一带，如洞庭湖、鄱阳湖等地，它比大熊猫更古老、更稀少。白鱀豚体态娇美、皮肤滑腻、长吻似剑、身呈纺锤形。白鱀豚种群数量不断减少，一度被认为已经灭绝，处于极危状态。

4. 南方猛兽——华南虎

华南虎仅在中国分布，主要生活在我国中南部，亦称"中国虎"。它们主要以草食性动物为食，是我国濒危动物之一、国家一级保护动物，很多专家认为华南虎的自然种群已经灭绝。

5. 吉祥鸟——朱鹮

朱鹮被誉为"东方宝石""吉祥鸟"，是我国最珍稀的鸟类之一。它曾被认为已经灭绝，1981年，人们在陕西洋县姚家沟发现了2窝，共7只朱鹮，曾轰动世界。在人类的保护下，朱鹮数量已经从7只增加到7000多只，得到了恢复性发展。

6. "活化石"——扬子鳄

扬子鳄分布于安徽南部丘陵地区、淡水水域以及与安徽南部交界的浙江沼泽地区，是我国特有的一种小型鳄类。它是一种古老而稀少的爬行动物，是国家一级保护动物。

7. 高原神鸟——黑颈鹤

黑颈鹤被人们誉为青藏高原上的"仙鹤"和"神奇鸟"，是世界上唯一一种生长、繁殖在高原上的鹤类。它们夏季在青藏高原繁殖，冬季则迁至云贵高原过冬，少数还飞越喜马拉雅山脉至不丹过冬。

8. 东方宝石——褐马鸡

褐马鸡是中国特有的珍稀鸟类，在国际上与大熊猫齐名。它体羽大部分为黑褐色，耳羽为白色，属于国家一级保护动物。

9. 高原精灵——藏羚羊

　　藏羚羊主要分布在青海可可西里、西藏羌塘、新疆阿尔金山等地。它常年生活在低于 0℃的环境中，通体长着厚密绒毛，是我国特有物种，也是国家一级保护动物。在国家的大力保护下，藏羚羊已有30 余万只，保护级别已从濒危物种变为近危物种。

10. 中华神兽——麋鹿

　　麋鹿因为头脸像马、角像鹿、蹄子像牛、尾像驴，而得名"四不像"，为国家一级保护动物。麋鹿性格温驯，以植物为食，是中国特有的珍稀动物，野生种群已绝迹，现存者系人工驯养。

中国的经济发展

⑬ 四通八达的交通

你，让全国各地相通相融；

因为你，亲人可以相聚，商品可以流通；

你，是大地上的一条条巨龙。

在明朝，徐霞客从家乡——如今的江苏省江阴市靠着一双脚走到湖南苍梧山进行考察，花了几年的时间。如果徐霞客生活在现代，坐火车用一天时间就可以从家里到苍梧山，坐飞机只要几个小时就可以到达，而他的愿望"朝碧海而暮苍梧"也能成为现实。

如果徐霞客能看到现代的高铁和飞机，肯定会感到无比惊叹！在徐霞客生活的时代，人们只能用牛、马、驴等牲畜来运输。随着科技的发展，现代交通工具越来越多样化，有天上飞的飞机，有地上跑的

◀ 兵马俑铜车马

高铁、汽车，有水上行驶的轮船……正所谓"要致富，先修路"，交通运输业也成了国民经济发展的"先行官"。

⊕ 主要的交通运输方式

现代交通运输方式主要有公路运输、铁路运输、航空运输、水路运输等。不同的交通运输方式有什么特点？我们该怎样合理选择交通工具呢？这是我们生活中经常会遇到的问题。

日常生活中最常见的是公路运输，比如，我们上班、上学一般坐公交车或开私家车。公路运输机动灵活、速度较快，适应性强，可以实现点对点的运输，所以比较适合短距离运输。

铁路运输是我国目前最重要的运输方式，因为铁路运输量大，连续性强，速度较快，费用较低，受天气等自然条件影响小。铁路运输具有的这些优点使其成为很多长途旅客的选择，也是大宗货物陆上长

⚠ 青藏铁路是一条连接青海省西宁市和西藏自治区拉萨市的铁路，它是世界上海拔最高的铁路。青藏铁路的修建克服了冻土、高寒缺氧、生态脆弱等难题，成为世界铁路建设史上的一座丰碑。

途运输的首选，比如山西的煤炭运往全国各地，东北的粮食运往南方，多选择铁路运输。

　　航空运输虽然运量小、运费高、受天气影响较大，但是它速度快，这让它在交通运输领域里赢得了一席之地。航空运输主要承担长途客运任务，货运所占比例比较小。通常我们进行远途旅行时，往往就会选择舒适、快捷的航空运输。需要航空运输的货物大部分是急需、贵重的物品。现在，航空运输是否发达是衡量一个国家交通运输现代化程度的重要标志。

　　水路运输包括内河航运和海洋航运。水路运输的运量大、费用低，但是速度比较慢，比较适合大宗货物或笨重货物的长距离运输。比如将十万吨钢材从大连运到上海，水运就是不错的选择。当然，有时外

⋀ 长江三峡风光

出旅行乘坐轮船也会给我们带来不一样的体验。比如，我们要欣赏长江三峡风光，乘船游览就是最佳选择，沿途我们能看到很多美景。

阅读材料

一个价值连城的建议

1995 年，浦东国际机场项目即将启动，机场选址定在江堤以内。地理学家陈吉余从地理学视角出发，提出"将浦东国际机场原计划选址东移，建在潮滩之上，并在九段沙实施生态工程建设"。上海市政府最终采纳了陈吉余建议，原场址东移 640 米，节省投资 3.6 亿元，节约耕地 7488 亩（1 亩 ≈ 667 平方米），产生的社会效益和环境效益，更是无法估量。

⋀ 上海浦东国际机场

▲ 宁波舟山港

⊕ 未来交通畅想

随着互联网、人工智能、新能源等技术的进一步发展，未来交通出行将会更智慧、更高效。

也许在未来，人们生活在智慧城市，出门会乘坐无人驾驶汽车或飞行舱去上班、购物，再也不用担心交通拥堵了。

未来，人们也许可以搭载航天飞机进行太空旅行，去欣赏太空风景，感受太空的奇妙；人们也许可以乘坐时速几千千米的海底动车穿越太平洋。

▲ 航天飞机设想图

思维导图学地理

四通八达的交通

主要的交通运输方式

- 公路运输：机动灵活，可实现点对点运输
- 铁路运输：速度较快、价格较低、运量大
- 航空运输：速度快、价格高
- 水路运输：速度慢、价格低、运量大

未来交通畅想

14 日新月异的农业

古代，四海无闲田，农夫犹饿死；
现在，科技兴农助发展，脱贫致富奔小康。

常言道，民以食为天，我们就从一顿丰盛的午餐说起。下图中这一桌美食里有各种丰富的食物，包括鸡、鱼、肘子、狮子头、虾、炒饭、水果等。你有没有想过，这些食材来自哪里呢？这些食材来自全

丰盛的午餐

少年读中国地理

▲ 中国主要的畜牧业区和种植业区分布示意图

国各地。不同的地方有不同的地理环境，能出产不同的食材。这就是我们接下来要探究的主题——舌尖上的农业。

农业是我们的衣食之源、生存之本。我们平时吃的食物，穿的衣服等都来自农业。广义的农业包括种植业、渔业、林业、畜牧业等。

⊕ 我国农业的地区分布

我国地域辽阔，自然环境复杂多样。长期以来，各地充分利用自然条件因地制宜形成了各具特色的农业。

⋀ 秦岭位于中国中部，是东西向延伸约 1500 千米的巨大山系，是长江流域和黄河流域的分水岭。

　　我国西部地区和东部地区的农业生产存在显著差异。西部地区草场广布，农业以畜牧业为主，我国四大牧区都分布在这里。我们平时吃的牛、羊肉很大一部分就来自西部牧场。这里降水稀少，所以种植业一般分布在有灌溉水源的平原、河谷和绿洲地区。

南稻北麦

我国东部以种植业为主，农业的南北差异明显。以秦岭—淮河一线为界，主要粮食作物形成"南稻北麦"的特征。该线以北的北方地区耕地多为旱地，水热条件更适合种小麦，人们的主食以面食为主。该线以南的南方地区耕地多为水田，热量相对充足，水热条件较好，更适合种植水稻，人们的主食以米饭为主。中国"南稻北麦"的格局形成了"南米北面"的饮食差别。

那北方是不是只种小麦呢？当然不是，比如有名的五常大米就产于东北。五常大米一年只收一季，生长期长。吃过五常大米的人都称赞其非常好吃。

东部地区的农业生产以种植业、林业和渔业为主。其中，半湿润和湿润的平原地区的农业生产以种植业为主，我们平时吃的大米、小麦等粮食就产于这些地区。

我国的林业集中分布在东北、西南和东南的林区。我们平时用的一些木材就来自这些林区。南方地区河湖遍布，渔业发达，沿海地区则是我国的海洋渔业基地，我们餐桌上的海鲜和淡水鱼大多是由这些地区供应的。

我国中部的秦岭—淮河一线是一条神奇的天然界线。以此线为界，在粮食作物种植方面，南方地区以水田为主，主要种植水稻；北方地区以旱地为主，主要种植小麦。在糖料作物种植方面，南方地区以甘蔗为主，北方地区以甜菜为主。在油料作物种植方面，南方地区以油菜为主，北方地区以花生为主。

⊕ 发展农业要因地制宜

　　我国各地自然环境差异很大，每个地区都有发展农业的优势和不足。因地制宜发展农业，就是充分利用当地自然条件的优势，布局或种植适宜在这里发展或生长的农业生产类型或农作物。比如新疆适合种植棉花，这里棉花不仅产量居全国第一，而且质量也很好。

🔺 人们用棉花收割机在新疆收割长绒棉。新疆长绒棉因纤维较长而得名，2020 年新疆棉花总产量约 516 万吨，占全国棉花总产量的 87.3%。

一般来说，在地形平坦、土壤肥沃、水源充足、利于耕作的地方发展种植业；在干旱、半干旱的高原、山地、草场等地发展畜牧业；在河湖众多和沿海的地区发展渔业；在地形陡峭的山地或丘陵地区发展林业。

⊕ 科技强农

　　中华人民共和国成立以后，尤其是改革开放以来，我国依靠科学技术，使农业增长方式从广种薄收转向优质高产，优良品种不断涌现，机械化水平和生产效率不断提高。农田水利建设取得巨大进步，抗灾能力显著增强。

　　现在，我们常常能看到这些现象：农民在直播间卖瓜，几万千克的瓜很快销售一空；扫码就能了解农产品的"前世今生"……这些都是我国农业发展取得实实在在进步的体现。

❯ "杂交水稻之父"——袁隆平。目前我国袁隆平团队的"超优千号"超级杂交稻的平均亩产超过 1000 千克。

目前，我国农业科技进步贡献率超 60%，主要农作物耕、种、收综合机械化水平近 70%。我国农业已经不是原来的"面朝黄土背朝天"的局面，基本摆脱了"靠天吃饭"的情况。

未来，科技将赋予农业更多想象的空间：我们也许点击屏幕就可以给农作物浇水、施肥；种出来的食物，不仅美味健康，还可以根据自己的口味，种出自己喜欢吃的食物。

⚠️ 植物工厂是对植物所需的光、温、湿、二氧化碳及营养等生长环境全智能控制的高效农业生产系统。植物工厂技术的突破，使高楼农场、荒漠农场、太空农场、航海农场、极地农场等的实施成为可能。

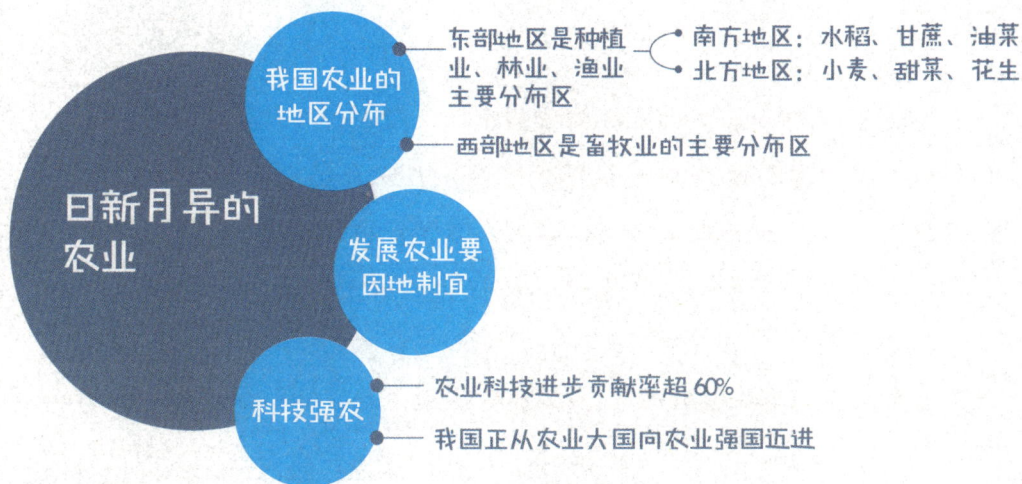

东部地区是种植业、林业、渔业主要分布区

南方地区：水稻、甘蔗、油菜
北方地区：小麦、甜菜、花生

我国农业的地区分布

西部地区是畜牧业的主要分布区

日新月异的农业

发展农业要因地制宜

科技强农

农业科技进步贡献率超60%

我国正从农业大国向农业强国迈进

⑮ 迅速崛起的工业

1949 年，鞍钢第一炉铁水奔腾而出，

如今，中国连续 10 余年位居全球第一产钢大国；

1956 年，第一辆解放牌卡车驶下汽车生产线，

如今，中国汽车销量连续 10 余年居全球第一；

……

无数个全球第一见证着中国工业的迅速崛起。

2021 年 6 月 17 日是一个举国欢腾的日子，航天员聂海胜、刘伯明、汤洪波先后进入天和核心舱，这标志着中国人首次进入了自己的空间站。众所周知，中国空间站的建设需要依托先进的科学技术，也需要强大的工业实力。

◀ 改革开放后，我国钢铁工业迎来了发展的黄金时期，我国逐渐成为世界第一大钢铁生产国。

🔺 神府煤田位于陕西省榆林市，是中国最大的煤田。

工业是国民经济的主导产业。中华人民共和国成立前，我国工业基础非常薄弱，甚至很多日用品都依靠进口。中华人民共和国成立后，特别是改革开放后，我国工业迅速发展，形成了门类齐全的工业体系。目前，我国许多工业产品的出口量都居世界第一位。

⊕ 主要工业部门

我们知道要把宇航员和空间站送上太空，离不开能源工业。我国能源工业发达，人们形象地把煤炭称为"工业的粮食"，把石油称为"工业的血液"。

我国煤炭资源丰富，多年来，我国的煤炭产量一直居世界首位。我国的煤炭资源主要分布在华北和西北地区。山西、陕西和内蒙古等省级行政区域的煤炭资源最为丰富。

石油是现代工业的重要能源和原料。我国的石油资源主要分布在东北、华北和西北地区，主要油田有大庆油田、胜利油田、塔里木油田等。另外，我国沿海大陆架也蕴藏着丰富的石油资源。

我国西部地区还蕴藏着丰富的天然气资源。为解决资源分布不均衡的问题，我国通过"西气东输"工程将塔里木盆地的天然气输往长江三角洲、珠江三角洲等地区。

目前，我国已经形成了布局比较合理的钢铁工业体系。我国的钢铁产量连续二十多年居世界首位。宝武钢铁、鞍钢、首钢和攀钢等是我国钢铁工业的骨干企业。其中，中国宝武钢铁集团是中国最大、技术最先进的钢铁企业。

▲ "神威·太湖之光"由国家并行计算机工程技术研究中心研制，全部采用中国国产处理器构建，是世界上首台峰值计算速度超过每秒十亿亿次的超级计算机。

中国空间站核心舱上的机械臂成了大家关注的焦点，被称为"逆天"科技，也是我国目前智能程度最高、难度最大、系统最复杂的空间智能系统，是对人类手臂的最真实还原。机械臂可以说是机械工业部门的一颗"明珠"。

机械工业是我国主要的工业部门之一。我国是世界上重要的机床、汽车、船舶、飞机、工程机械的生产大国，C919国产大飞机、高铁、新能源汽车等都是我国机械工业的代表性产品。

⊕ 高新技术产业的发展

我国高新技术产业起步较晚，但发展较快，正在逐步赶超世界先进水平。近年来，互联网技术、基因工程、纳米工程、人工智能等众

∧ 无人机表演

多的高新技术成果不断刷新世界对中国的认知。

高新技术产业往往布局在科技发达、人才丰富、交通便利的大城市，比如北京、深圳、上海、杭州等。

⊕ 主要工业基地

我国工业经过几十年的迅速发展，已形成了一些基础相对雄厚的工业基地。大的工业基地从北至南主要有辽中南工业基地、京津唐工业基地、沪宁杭工业基地和珠江三角洲工业基地。这四大工业基地在我国波澜壮阔的工业发展史上都留下了浓墨重彩的印迹。我国工业基地或工业中心城市一般沿海、沿河、沿铁路线分布，这些地方交通便利，有助于开展对外联系。

▲ 中国主要工业基地分布图

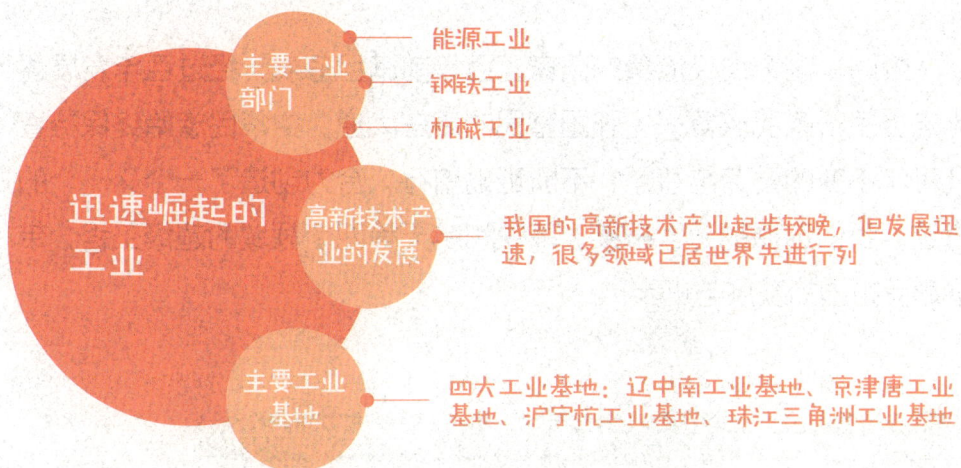

主要工业部门
- 能源工业
- 钢铁工业
- 机械工业

迅速崛起的工业

高新技术产业的发展 —— 我国的高新技术产业起步较晚，但发展迅速，很多领域已居世界先进行列

主要工业基地 —— 四大工业基地：辽中南工业基地、京津唐工业基地、沪宁杭工业基地、珠江三角洲工业基地

专题 3
震撼世界的超级工程

中国，这个饱经沧桑的国家，百年前满目疮痍，经过百年发展逐步走上了一条民族复兴、强国富民的康庄大道。中华民族始终保持着几千年不变的勤劳与智慧，不断砥砺前行，合力创造了一个又一个的奇迹。我们选择能源、桥梁、高铁和航天等四个领域的超级工程，带你感受祖国的发展与进步。

1. 西电东送工程：电从西部来，来的是清洁电

△ 西电东送工程

西电东送工程是将西部开发的丰富的电力能源输送到电力能源紧缺的东部沿海地区，总投资 5000 多亿元，是一项让世界惊叹的工程。西电东送得以实现，特高压输电技术是很重要的一环，特高压输电技术可实现远距离、大容量、低损耗地运输电力能源。如今，中国特高压输电技术是世界上最先进的。

2. 港珠澳大桥：桥梁界的奇迹

⬆ 港珠澳大桥

港珠澳大桥连接香港、珠海和澳门，是目前中国建设史上里程最长、投资最多、施工难度最大的跨海桥梁，大大促进了三座城市的交通往来。这项超级工程项目总投资额为 1200 多亿元，从筹备到建成历时近 15 年，建设团队攻克了多个世界级难题，打破了多项世界纪录，是当之无愧的超级工程。

3. 京沪高铁："千里京沪一日还"

△ 京沪高铁

　　京沪高速铁路，简称京沪高铁，全长约 1318 千米，运营时速约350 千米，发车间隔最短 4 分钟，是当今世界运营时速最快的高速铁路。自 2011 年 6 月开通以来，京沪高铁累计行程超过 15.8 亿千米，相当于绕地球赤道跑了近 4 万圈。我们可以自豪地说："世界高铁看中国，中国高铁看京沪。"

4. 北斗卫星导航系统：大国重器

北斗卫星导航系统是中国自行研制的全球卫星导航系统。我国是继美国、俄罗斯之后世界上第三个拥有自主卫星导航系统的国家。北斗卫星导航系统已成功应用于测绘、电信、水利、农林、渔业、交通运输、减灾救灾和公共安全等诸多领域，取得了显著的经济效益和社会效益。

△ 北斗卫星导航系统模型